必須化！

小学校の
プログラミング
学習

成功する
全体計画
&
授業づくり

磯部征尊 著

PROGRAMMING

学芸みらい社
GAKUGEI MIRAISHA

はじめに

　今年度（2019年度）は，各小学校の特定の教師が模擬授業を実施し，その模擬授業に全ての教師が参加してプログラミング教育を体験することが期待されています。また，各市長村教育委員会では，2020年度の全面実施に必要となるリソースを把握し，予算要求や予算の確保等につなげることが求められています。しかし，必須化に向けての課題は，主に2点あります。

　一つ目は，iPadやノートパソコンなど，情報環境整備の学校間格差が大きいことです。文部科学省では，3クラスに1クラス分程度の整備，すなわち，3人／1台を期待しています。

　二つ目は，プログラミング教育の授業の進め方（指導案や提示する資料，利用する教材，ワークシート等）が，各学校に十分に周知されていない点です。

　今後，各学校においては，「小学校を中心としたプログラミング教育ポータル（未来の学びコンソーシアム，https://miraino-manabi.jp）」のサイトを参考にした授業づくりや，大学や企業と連携した研修等を通じて，必須化に向けての体制づくりを進めていく必要があります。

　プログラミング教育を学ぶ子供たちには，発達段階に即して，①情報を読み解く力，②情報を取捨選択する力，③情報を整理・図式化する力を身に付けさせていくことが，今後益々大切になってきます。これらの普遍的な力の育成には，日々の授業づくりを工夫していく必要があります。

　③情報を整理・図式化する力とは，必要な情報や集めた情報を図表に整理する力のことです。大人も子供も，何かを提案するときに伝えたい内容を吟味し，要点を箇条書きにまとめたり，プレゼンテーション用ソフトを用いて図表に整理したりします。例えば，三角形の面積の求め方やアルカリ性・酸性の水溶液など，公式や性質を覚える学習場面においては，「三角形の面積を求める方法を相手に伝える文章を書こう」という課題を提示したり，各水溶液の性質をフローチャートのように図式化させたりする活動を取り入れたりすると，「③情報を整理・図式化する力」を身に付けさせることにつながります。

　普遍的な力を身に付けた子供たちは，情報技術を効果的かつ，効率的に活用しながら，他者に伝えることを重点に置き，多彩な情報を整理・図式化できる大人へ成長していくことでしょう。

　本書は，2020年度からの必須化に向けてのハンドブックとして作成しました。各章は，読者の知りたいことや疑問など，多彩なニーズに応じて構成されています。「ここが知りたい」という即席のニーズに対応した辞書引きの活用も可能になっています。また，以下の二次元コードを適宜掲載しましたので，Googleドライブより必要な資料をダウンロードすることができます。

　特に，本書で心掛けたことは，問題を提示し，解決したい疑問や悩みを学習課題として設定してから，まとめ，振り返りの順（四色板書）に整理したことです。

2019年9月吉日

愛知教育大学

准教授　磯部　征尊

目　次

Ⅱ　ここから始める！プログラミング学習のやり方・進め方

Ⅲ　プログラミング教育って何だろう

Ⅳ　子供が進んで取り組む
年間指導計画のつくり方

Ⅴ　プログラミング学習を
カリキュラム・マネジメントする視点

※本資料は，Google ドライブ（data01）を参照してください。

　本項では，それぞれの実践について「実践の概要」「実践の注目ポイント！」「必要な手続き」「授業の展開」の4点から紹介します。**特に，「実践の注目ポイント！」では，各授業におけるプログラミング的思考を育むために必要なポイント**を提案します。

　「授業の展開」では，子供たちの発言内容の中から，プログラミング学習における知識・技能の各手順（順次処理・反復処理・分岐処理）や，プログラミング的思考を価値付けています。詳細は，第4章を参照してください。

　私が提案したポイントを大切にしつつ，実践や授業改善に生かしてください。きっと，校内研修やOJTの充実にもつながります。子供ファーストの精神を持ち，無理のない範囲でプログラミング学習を学校内に普及していきましょう。

　ここでは，A分類に関する授業を紹介します。

1　算数　第5学年　プログラミングを通して，正多角形の意味を基に正多角形をかく場面

実践の概要	必要な手続き
子供たちが，「正多角形とは，辺の長さが全て等しく，角の大きさが全て等しい」という意味を容易に理解できるようにするため，ビジュアル型プログラミング学習（Scratch）を用いて正多角形の作図に取り組ませます。	① Scratch2.0 または，3.0 の動作確認 ・使用するコンピュータ上において，Scratch が使用できることを確認します。
実践の注目ポイント！	② Scratch の基本的な操作の理解 ・小学校を中心としたプログラミング教育ポータル（https://miraino-manabi.jp/content/415）で，「ねこから逃げるプログラムを作る」に取り組むことをお勧めします。
たいていの場合，正六角形などを定規と分度器を用いて作図することを試みます。子供たちの中には，手書きによって長さや角度のずれが生じてしまい，正確に作図することが難しいと感じます。 　Scratch を用いると，正六角形の他にも，正八角形や正十二角形など，手書きでは難しい図形にもチャレンジすることができます。そして，正何角形であっても，辺の長さが全て等しく，角の大きさが全て等しい性質は同じことや，次第に円に近付いていくことに気付きます。	③ 正六角形または，正八角形などを手書きで書き，正多角形の性質の調べ学習

授業の展開[1)]

（1）正方形を書こう	
主な働き掛けや，指導上の留意点 （【 】は，手順やプログラミング的思考）	授業の様子や使用するスライド等
T「Scratch を開き，『作る』を押します。」	 ※ WEB 版のみです。オフライン版は，次の手順から始めてください。
T「拡張機能ボタンをクリックし，『ペンを追加する』をクリックします。」	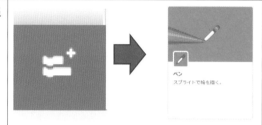
T「ねこのスプライトには，右図のスクリプトを追加します。」 ※ペンを下したので，ねこが動けば線を引ける状態になります。	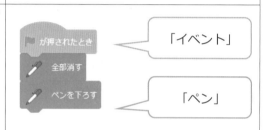

T「正方形の書き方を考えます。この後，どのようなプログラムを考えたら良いでしょうか？」
T「正方形を書くには，何度曲がる必要がありますか。何本の線を引く必要がありますか？」
C「正方形の一つの角度は 90 度だったよ。4 本の線を引かせないといけないね。」【反復処理】

T「初めに，『100 歩動かす』『90 度回す』ブロックをつなげます。その後，『1 秒待つ』を入れます。」 ※「1 秒待つ」を入れないと，すぐに正方形が書けてしまいます。「1 秒待つ」ブロックを入れない体験を先にさせても良いです。	
T「『100 歩動かす』『90 度回す』ブロックを 4 回繰り返すため，繰り返しブロックで囲みます。」	

(2) 正三角形を書こう	
主な働き掛けや，指導上の留意点 (【 】は，手順やプログラミング的思考)	授業の様子や使用するスライド等
T「正方形のプログラムを変えると正三角形が書けます。どのように変えたらよいですか？」	
C「三角形は，3本の線だから，4回から3回に数字を変える」【反復処理】 C「三角形の一つの角度は，60度だから，90度を60度に変える」 T「では，実際に試してみましょう」 C「あれ？　三角形が書けないよ」 T「なぜ，三角形が書けないのかな？」 C「3本の線は引けているから，曲げる角度が違うね」 C「90度の時より線が広がっているね」	
C「もしかしたら，90度よりも大きい数を入れたらどうかな？」【分岐処理】 T「ねこは，どこを向いていて，どのぐらい曲がるとよいのかを体験してみましょう」 C「確かに，90度よりも大きく曲がらないといけないね」 C「三角形の三つの角の大きさの和は，180度だったよね。正三角形の一つの角の大きさは60度だから……120度曲がらないといけないよ」	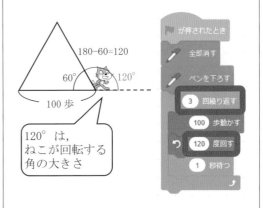
(3) 正六角形を書こう	
T「正六角形を書くには，三角形のプログラムをどのように変えますか？」 C「正六角形だから，線は6本だね」 C「一つの角度は120度だから $180-120=60$ だ。$360 \div 6 = 60$ でも同じだね」 T「正八角形も，同じようにできる？」 C「正八角形だから，8回繰り返します」【反復処理】 C「角度は，$360 \div 8 = 40$ だから，40を入力すればよいと思います」 C「つまり，正○角形は，○回繰り返し，360÷○で角度を求めればいいね」	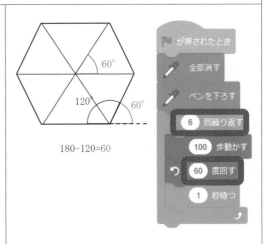

（4）正七角形を書こう

C「正七角形だったら，7回繰り返し，360÷7
　だけど，51.42……割り切れないよ」

T「割り切れない時には，『演算』というブ
　ロックを使います」

T「角度の数字を入力する所に演算ブロック
　を入れて，360/7 と入力します。すると，
　コンピュータができるだけ正確な数字を計
　算し，綺麗な図形を書きます」

C「便利だね。もし，正十三角形も，正十七
　角形も，360/13，360/17 と入力すれば，図
　形を書けるね」【分岐処理】

※「100 歩動かす」の命令のままだと，図形
　が大きくなり過ぎてしまう。適宜，歩数を
　変更する。

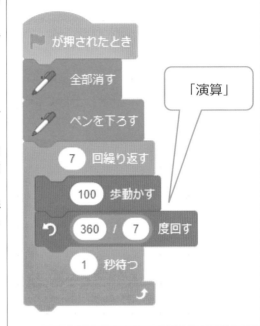

まとめ
　今まで表したことのない正多角形を書くことを通して，「辺の長さが全て等しく，角の大き
さが全て等しい」という正多角形の意味を理解する。

振り返り
　正 N 角形を書こう

T「正十角形あたりから，だいたい円に近付
　いて見えますね。それでは，大きな数字を
　入力して，どんな図形になるのかを確認し
　ましょう」

※好きな正 N 角形を書き，N が増えれば増え
　るほど円に近付くことを確認する。

C「僕は，正百四十四角形（右写真）を書き
　ました。でも，すごく時間がかかったの
　で，『1 秒待つ』ブロックを取りました」

【補足】
　A 分類に関する授業[1]を進める際，Scratch の基礎・基本を事前に学ぶことをお勧めします。
　Google ドライブ内（data02）には，Scratch でプログラミングを学ぶワークブック（CA Tech
Kids と愛知教育大学磯部征尊研究室による共同作成）があります。このようなワークブックを
活用すると，Scratch 上での表現活動が簡単になります。また，表現内容の質も高めることにつ
ながります。

2 理科 第6学年 身の回りには電気の性質や働きを利用した道具があること等をプログラミングを通して学習する場面[2]

実践の概要

本学習は,「電気の性質とその利用」の単元において, 電気を光や音, 熱, 運動等に変換できることを学習した後, 与えた条件に応じて電気の量と働きとの関係を考察させたり, 更に条件を変えることにより, 電気の量が変化することについて考えさせたりします。

実践の注目ポイント!

子供たちは, 身の回りには, 電気の性質や働きを利用した道具があることは知っているものの, 電気の量と働きとの関係や, 電気の変換についての実感を十分に理解することが容易ではありません。

この場合, ロボット型プログラミング学習（Studuino）を用いて, 豆電球を点滅させたり, 調光させたりするプログラミング学習を取り入れます。

子供は, 身の回りの電気を効率的に利用したり, 快適に使用したりするプログラムが工夫されていることに気付きます。

必要な手続き

① 単元計画及び, プログラミング学習の確認
  ・第1次「つくる電気・ためる電気」, 第2次「身の回りの電気の利用」, 第3次「電気と熱」のうち, 第2次にプログラミング学習を位置付けます。
  ・次ページでは, 第2次（6時間目）の授業の展開を紹介しています。

② Studuino の動作確認
  ・関係サイト（http://www.artec-kk.co.jp/studuino/ja/studuino.php）より, 必要なソフトウェア（Windows 版他）と, USB デバイスドライバをインストールします。

③ 実験機材のセットアップ
  ・下図の通りにセットアップを行います。

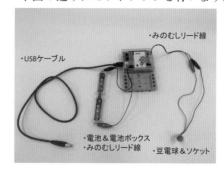

④ Studuino とコンピュータとの接続
  ・Studuino ソフトウェアを起動し,「ブロックプログラミング環境」→「電気実験」を開きます。

授業の展開

（1）電気の性質について復習しよう

主な働き掛けや，指導上の留意点	授業の様子や使用するスライド等
T「電気の性質の復習として，③を考えます」 T「身の回りの中から電気を光や音，熱，動きに変える電化製品を探しましょう」	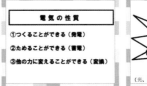

（2）プログラミングで電気を制御してみよう

T「命令を作って，電球に光をつけたり，消したりしてみよう。数字の 100 を 0 や 50 に変えてみよう」 C「もし，数字をもっと小くしたら，電球が暗くなるかもしれないね」【条件分岐】	

（3）四つの Mission にチャレンジしよう

①旗を押したとき，電球がついて 1 秒たったら電球が消える ②旗を押したとき，電球がついて 1 秒たったら光が弱くなり，1 秒たったら電球が消える ③旗を押したとき，電球がついて 1 秒たったら電球が消える，を 5 回繰り返す ④旗を押したとき，ずっとぴかぴか点滅する	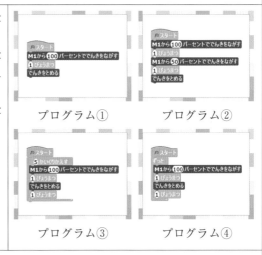 プログラム①　　プログラム② プログラム③　　プログラム④

まとめ
　自分たちの考えた命令が正しければ，電球の明るさを変えたり，信号機のように点滅をさせたりすることができる。

振り返り 　「旗を押したとき，ランダムな光の大きさで 1 秒ずつ点滅する」のプログラムを考えよう。		※授業用スライド（data03）（CA Tech Kids と愛知教育大学磯部征尊研究室による共同作成）参照

3 総合的な学習の時間 第5～6学年 「情報技術を生かした生産や人の手によるものづくり」を探究課題として学習する場面[3)]

<table>
<tr><td>

実践の概要

　子供たちが，身の回りの様々な製品やシステムがプログラムで制御されていることを理解します。また，ロボット型プログラミング学習（mBot）を用いて，情報技術が私たちの生活や暮らしを便利にしていることを学びます。

実践の注目ポイント！

　mBotを用いると，意図した動きをさせるためには，どのような動きが必要で，その動きに対応させるための最適な命令や効果的な組み合わせを考えることができます。

</td><td>

必要な手続き

① mBotの動作確認
　・使用するコンピュータ上において，mBotの使用を確認します。

② Scratchの基本的な操作の理解
　・小学校を中心としたプログラミング教育ポータル（https://miraino-manabi.jp/content/415）で，「ねこから逃げるプログラムを作る」に取り組むことをお勧めします。

③ 単元計画づくり
　・子供たちが情報に関する課題を見出し，探究していくことができるような単元づくりが必要です。
　・以下の単元計画は，一例です。全8時間のうち，5学年では第1～2次（4時間），6学年では第3～4次（4時間）に分けて実施することも可能です。
　・次ページは，第2次を紹介しています。全8時間分の指導案やスライドは，Googleドライブ（data04）を参照願います。

</td></tr>
</table>

単元計画（全8時間）

次（時数）	・主な学習活動
1（2）	・プログラミングがどのようなものかを知る。 ・センサを使わずにmBotを前後に動かしたり，左右に曲がったりさせるプログラムを考える。
2（2）	・センサを使ってmBotを前後に動かしたり止まったりさせるプログラムや，左右に曲がるプログラムを考える。
3（2）	・mBotにライトを点灯させるプログラムを考える。
4（2）	・今までの学習で学んだことを基にして，最終課題をクリアできるプログラムを考える。

授業の展開

（1）センサについて考えよう

主な働き掛けや，指導上の留意点 （【 】は，手順やプログラミング的思考）	授業の様子や使用するスライド等
T「センサとは，人間の感覚に代わって，温度や光，距離を感知してくれる器具のことです。センサが使われている電化製品には，どのような製品がありますか？」 C「最近のエアコンは，部屋に人がいるかどうかを判断して運転しているね。あれもセンサが関係しているね」【論理的に考えを進める】	

（2）mBot のセンサを使ったプログラムを考えよう

T「mBot がスタート（S）から真っすぐ進み，壁の手前で止まるプログラムを考えます。どのようなプログラム（右図）になりますか？」 C「壁に近付いたら mBot が止まるようにするセンサのブロックが必要だね」【記号にする】 C「『動きを止める』ブロックも必要だね」【記号にする】	

（3）課題をクリアしよう

T「今度は，スタート（S）から真っすぐ進み，途中で川（黒い太線）があります。そこで，左に曲がり，ゴール（G）で止まるプログラム（右図）を考えます」 C「今度は，左向きに曲がるブロックも必要だね」【動きに分ける】 C「川（黒い太線）を感知する『ライントレースセンサ』も使うね」【動きに分ける】	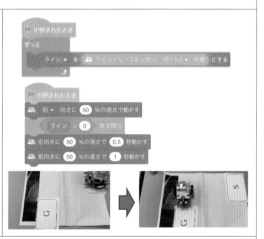

まとめ
　センサを使ったプログラムを作ることで，mBot を壁の手前で止めたり，通ることのできない場所を感知して方向を変えたりすることができる。

振り返り
　日常生活の中で，センサが使われているものを考えよう。

§2　各教科内容でつくるプログラミング授業

　ここでは，B分類に関する授業を紹介します。

　実践事例の中には，それぞれの教材の特徴を捉えた実践を紹介しています。授業づくりで心掛けたいことは，どの実践事例でも，子供ファーストの姿勢を大切にしていただきたいことです。つまり，子供のプログラミング的思考を引き出すことを大事にすることです。

1　体育　第1学年　ひょうげんあそび[4~5]

実践の概要	必要な手続き
ここでは，様々なリズムやパターンを組み合わせた動作を，プログラミングを通して学習する場面です。 　子供たちは，簡単なお話を作り，自分や友達の体を動かす命令を組み合わせます。また，面白い動きの表現活動を通して，プログラムとは何かを理解します。	①　命令ブロックの準備（次ページ） ②　作品例（下写真）の準備 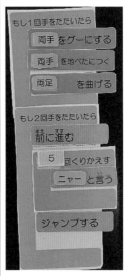 ※この写真は，実際に子供が制作した作品です。

実践の注目ポイント！

　自分の考えたことを体やプログラムで表現する楽しい体験は，プログラミングの導入となります。

　コンピュータを使わずにプログラムを作り，体で試すことで「作る」「実行する」「評価・改善」過程を体験できます。

授業の展開（【　】は，手順やプログラミング的思考）

（1）自分の体を操ろう
T「先生の指示に従って動物（ねこ）の動きを表現しましょう」 C「初めに，両足を地べたにつきます。次に，両手を地べたにつきます」【動きに分ける】
（2）友達の体を操ろう
T「ペアの友達に動物の動きを指示しましょう。指示された人は，友達の指示に従って動物の動きを体で表現しましょう」 C「ぞうの動きをしてください。もし，1回手をたたいたら，①右手をパーにしてください。②右手を鼻の位置にしてください。③両足をパーにしてください。この順番でぞうを表現してください」【動きに分ける】
（3）簡単なお話を作って，ある一場面のプログラムを作って操ろう

T「簡単なお話を考えます。その一場面について，紙の命令ブロックを組み合わせて，お話に登場する動物や生き物の動きを表現するプログラムを作ります」
T「友達同士でプログラムを試して，その動きを体で表現します」
T「作成したプログラムをみんなで発表しましょう」

命令ブロック

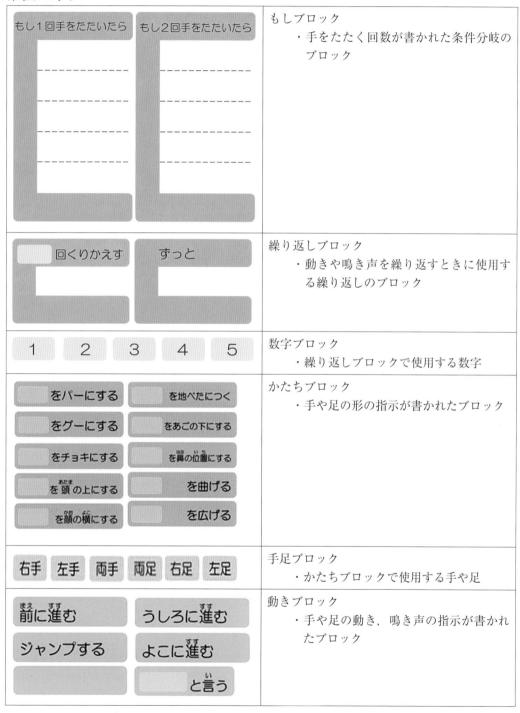

もし1回手をたたいたら　もし2回手をたたいたら	もしブロック ・手をたたく回数が書かれた条件分岐のブロック
［ ］回くりかえす　　ずっと	繰り返しブロック ・動きや鳴き声を繰り返すときに使用する繰り返しのブロック
1　2　3　4　5	数字ブロック ・繰り返しブロックで使用する数字
をパーにする　　を地べたにつく をグーにする　　をあごの下にする をチョキにする　　を鼻の位置にする を頭の上にする　　を曲げる を顔の横にする　　を広げる	かたちブロック ・手や足の形の指示が書かれたブロック
右手　左手　両手　両足　右足　左足	手足ブロック ・かたちブロックで使用する手や足
前に進む　　うしろに進む ジャンプする　　よこに進む 　　と言う	動きブロック ・手や足の動き，鳴き声の指示が書かれたブロック

	鳴き声ブロック
ワン　ニャー　ウキー パオーン　ゲロゲロ　□	・動きブロックで使用する鳴き声

2　図工　第2学年　ひみつのたまご[4)]

実践の概要	必要な手続き
子供たちは，不思議な卵から生まれてくるものを，「もし，～だったら」の言葉（分岐処理）を使って，楽しく想像して絵に描きます。	① Viscuit の動作確認 　・以下のサイト 　（https://www.viscuit.com/doviscuit） 　を開き，Viscuit の使用を確認します。
実践の注目ポイント！	② Viscuit の基本的な操作の理解 　・上記サイトより，「ビスケットの基本」 　に取り組むことをお勧めします。
Viscuit（ビジュアル型プログラミング言語の一つ）で絵を描き，めがねを用いて画面上を動くアニメーションを制作します。みんなで作成した画面は，学年・学校行事などの背景投影にも使えます。	③ プロジェクタ（作品投影用） ④ マウス操作のスキル

授業の展開（【　】は，手順やプログラミング的思考）

(1) 不思議な卵から生まれてくる海の生き物を想像しよう
T「不思議な卵から海の生き物が生まれてきました。それは，何でしょう？」 C「魚かな。それとも，イルカかな？」【論理的に考えを進める】 T「プリント（次ページ）には，卵から生まれてきた海の生き物を描いたり，動く様子を書いたりしましょう」

(2) Viscuit を用いて，海の生き物を自由に描こう
T「Viscuit を開き，生き物をたくさん描きます」 C「イルカは，飛び跳ねているように動かしたいな。絵の位置をずらしてみよう」【組み合わせる】 C「魚がヒラヒラと動いているようにしたいな」【一連の活動にする】 

(3) プロジェクタに自分たちの作品を映して鑑賞しよう
T「みんなで描いた作品を鑑賞しましょう。友達の作品の良いところを見つけましょう」 C「～さんの魚は，本当に泳いでいるみたいです」 　【振り返る】 

ひみつのたまご

ねん　　くみ　なまえ＿＿＿＿＿＿＿＿＿＿＿＿＿＿＿＿

たまごから出てきた生きものの　えを　かこう。

この　生きものの　なまえは

［　　　　　　　　　　］です。

こんな　うごきをするよ

図1　授業で使用するワークシート（Google ドライブ内の data05 参照）

【参考】

「学校でビスケット3（www.viscuit.com/doviscuit/）」の「このリンク」より，あ

るコードが発行されます。そのコードを学級の子供たちと共有することで，複数の作品を同時に動かしたり，鑑賞したりすることができます。

3　社会　第4学年　災害からくらしを守る[1]

実践の概要	必要な手続き
この実践は，「課題について探究して分かったことなどを発表（プレゼンテーション）する学習場面」に該当します。 本学習は，「災害からくらしを守る」単元において，災害から町を守る仕組みを知った後，様々な考えを踏まえて防災マップを作ります。また，下級生に防災の視点を伝えるためのクイズをグループで考えさせたりします。	① Scratch2.0 または，3.0 の動作確認 ・使用するコンピュータ上において，Scratch が使用できることを確認します。 ・使用するコンピュータに録音機能が付いていることを確認します。 ② Scratch の基本的な操作の理解 ・小学校を中心としたプログラミング教育ポータル（https://miraino-manabi.jp/content/415）で，「ねこから逃げるプログラムを作る」に取り組むことをお勧めします。 ・24 ページに示したワークシートを活用したり，Google ドライブ内のワークブック（data02）を使用したりすると，手順（順次処理・反復処理・分岐処理）を身に付けさせることができます。

実践の注目ポイント！

子供たちは，防災について探究して分かったことや考えたことなどを，Scratch（ビジュアル型プログラミング言語の一つ）によって，分かりやすく効果的に発表する資料を作成します。

具体的には，防災の視点を下級生に理解してもらうというテーマに向かって，Scratch の機能を活用してクイズを制作します。

子供たちは，文字や音声，アニメーション等を活用して楽しいクイズをプログラミングします。

次ページ以降は，Scratch でクイズを制作するための基礎・基本を学習する導入の授業を紹介します。

導入の授業を通じて，先生も子供も，学級活動や総合的な学習の時間等，他教科等においても効果的に発表する資料を作成することができるようになります。

③ 単元の終末場面におけるテーマ設定
・例えば，「下級生に伝えたい防災の豆知識に関するクイズを制作しよう」のような他者意識を持たせるテーマ設定を考えることができます。

授業の展開

主な働き掛けや，指導上の留意点 （【 】は，手順やプログラミング的思考）	授業の様子や使用するスライド等
（1）3択を表示させ，正しい時に「正解！」，間違った時に「残念」というプログラムをつくろう	
T「Scratch を開き，『作る』を押します」	 ※ WEB版のみです。オフライン版は，次の手順から始めてください。
T「スプライト（右図）の追加から『1』『2』『3』を選択し，追加します」	
T「『1』のスプライトには，スクリプト（右図）を追加しましょう」 T「『2』『3』にも同じスクリプトを追加します。ここでは，『2』を『正解！』，『3』を『残念』と書きます」	 「イベント」 「見た目」
T「プログラムの確認をします。問題を読みます。正解だと思う数字をクリックしてください」 問題：プールサイドは，歩いて移動しようね。どうしてかな？ 1　夏の暑さを楽しむから 2　滑って転びやすいから 3　足あとで大きな絵を描くから C「『2』を押したら，『正解！』の文字が出たよ」	
（2）問題文と3択の文章を表示させよう	
T「次は，ねこのスプライトにスクリプト（右図）を追加します」	 「イベント」 「見た目」
T「『1』～『3』のスプライトには，『このスプライトが押されたとき』のブロックから『緑の旗が押されたとき』に変えます。『○○と言う』のブロックを追加し，文章を作ります」 T「緑色の旗をクリックします」	 追加したいスプライトを選択してスクリプトを変える

C「数字を押したら，選択文が出るようになりました」 ※適宜，スプライトを適切な位置に配置することを指示する。 T「もう一度行う時は，赤い八角形のボタンをクリックし，緑色の旗をクリックします」	

(3) 解答選択時に音を付け，それぞれの解説文を表示させよう

T「『1』のスプライトに，スクリプト（右図）を追加します」 T「『2』と『3』は，どうしたらよいと思いますか？」 C「『1』と同じスクリプトを選び，『○○と言う』のセリフを変えます」 T「『2』には，『頭を打つと危ないよね』，『3』には『すぐに乾いちゃうよね』と書きます」	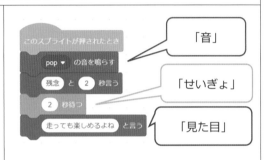

(4) 解答選択時に，背景を変えてみよう

T「ステージをクリックします」	
T「背景を自由に描く方法を教えます。背景のアイコンをポイントし，『描く』を選択します」 T「直線で『×』を描きます。直線ツールを選択し，枠線の右側の下向き三角形（▼）をクリックし，色等を選択，その右側で太さを選択します」	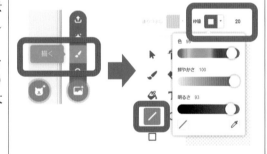
T「背景として，『×』と『○』の2種類を描きます。『×』が描けたら，もう一度，背景のアイコンをポイントし，同じように『○』を描きます」	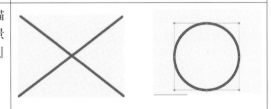
T「コード画面に戻ります」	

T「『1』のスプライトには，スクリプト（右図）を追加します。『2』のスプライトは背景3，『3』のスプライトは背景2として同様にスクリプトを追加します」

T「グループ毎に防災についてのクイズをつくりましょう」

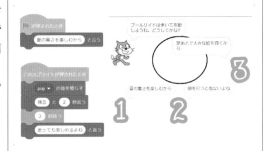

まとめ

　防災に関するクイズを下級生に試してもらうためには，相手の立場に立った表現を工夫したクイズをつくることが大切である。

振り返り

　解答選択時には，オリジナルの音を付けよう。

T「『終わるまでpopの音を鳴らす』ブロック中の『pop』右側にある三角形を押し，『録音』を選択します」

T「『許可』をクリックします」

T「『残念』『ブブー』など，録音したい内容を自分の声で録音します。良い音がとれたら保存します」

T「先ほど録音した『recording1』を選択します」

T「『2』のスプライトには，『正解』『ピンポーン』等を録音し，追加します。『3』のスプライトには，『1』のスプライトと同じ音声を使用しても良いですし，新しく録音しても良いです」

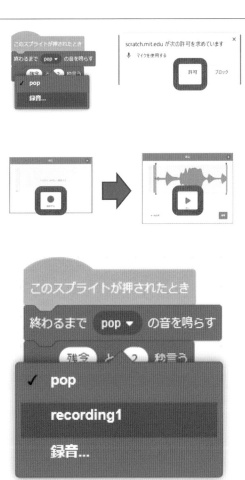

§3 朝学習でするプログラミング授業

　ここでは，C分類の内容として，朝学習や隙間時間にできるプログラミング学習を紹介します。

　私は，第2章で紹介する「コードスタジオ」をコース1から順番に，かつ，定期的に行うことをお勧めします。ここでは，コース1の「ハッピーマップ」「ジグソーパズル」「迷路」を紹介します。

1．ハッピーマップ（https://code.org/curriculum/course1/1/Teacher）

T「りんごを取るには，どの矢印が必要ですか？」 C「上の矢印です」 T「他には，どのような進み方がありますか？」 C「左に行ってから上に行くこともできるね」【組み合わせる】 C「右に行く方法もあるね」【組み合わせる】	
T「次は，苺にたどり着く進み方を考えましょう」 C「右に3回行って，上に3回進めばいいね」 T「苺にたどり着く進み方は，他には，どのような進み方があるでしょうか？」 C「上に行く方法もあるね。右に行ってから上に行く方法もあるね」【一連の活動にする】 T「友達に進み方を説明しましょう」 C「〜さんの手順は分かりやすいね」【振り返る】	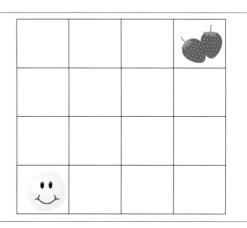

2．ジグソーパズル

3．迷路

　「ハッピーマップ」は，アンプラグド型の学習活動です。「ジグソーパズル」「迷路」は，ビジュアル型プログラミング学習です。**コンピュータやタブレット等を活用して定期的に触れる機会を設定**しましょう。

ここまでの実践事例は，基本的な展開例としてとらえつつ，子供の興味・関心や，各学校の教育環境等を踏まえた授業のアレンジをお勧めします。

§4　クラブ活動で楽しく学ぶプログラミング学習 ──すぐ使えるワークシート付

異年齢の子供たち同士がお互いに協力してプログラミングを進める学習活動を紹介します[5]。

クラブ活動では，様々なプログラミング体験を通して，「オリジナルゲームやアニメーションをつくろう」等のテーマに挑戦させます。様々なプログラミング体験を学習させる手順としては，以下を推奨します（特に，小学校5〜6年生の場合）。

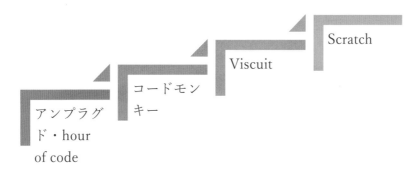

Scratch

Viscuit

コードモンキー

アンプラグド・hour of code

最初は，アンプラグド型学習と，hour of code（https://studio.code.org/hoc/1）を行います。主たるねらいは，コンピュータに指示するためには，「どう動かすか」という命令の出し方，つまり，手順（順次処理，繰り返し処理，条件分岐）を理解させるためです。

次は，コードモンキー（https://app.codemonkey.com/challenges/0）を行います。主な意図は，コンピュータにさせたい言語は多様にあることを理解させるためです。

その次は，Viscuit（https://www.viscuit.com/）です。この段階では，自分の表したいことをコンピュータにさせるために「何をさせるか」を考えさせます。最後は，Scratch（次ページ）です。ここでは，思い通りにいかない時にどのようにして元に戻すか，先を見通して考える力が求められます。

このようにして，様々なプログラミング体験をさせた後，「今日やってみたいプログラミング」というテーマを設定し，個々に目標を立てさせます（下表）。すると，子供は，発達段階やプログラミング経験に応じて，一人一人が興味・関心を高く持って取り組むようになります。

◆今日やってみたいプログラミング言語に○をつけよう

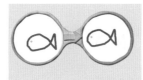
Viscuit（ビスケット）

scratch（スクラッチ）

hour of code（アワーオブコード）　コードモンキー（© CodeMonkey Studios Inc.）

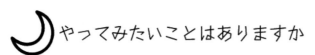

やってみたいことはありますか

皆さん、学校の掃除はどのように行っていますか？　一人で全部やりますか？　やらないですよね。それはどうしてですか？　みんなでやると早く終わるしきれいになるからですよね。ほかにも運動会やお楽しみ会も一人じゃないですよね。みんなで協力して役割分担すると大成功になりますよね。

実はプログラミングもそうです。 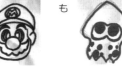 も　　　　　も、細かく区切って係を決めて作っているから早く楽しい　　　　　　ゲームを作ることができるんですよ。

大きなことをやるための最初の一歩、今日のミッションをクリアしましょう！

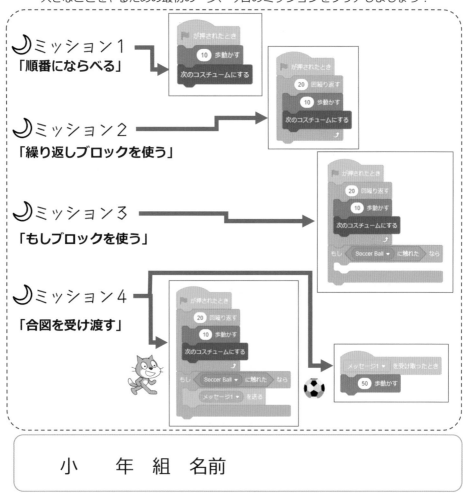

ミッション1
「順番にならべる」

ミッション2
「繰り返しブロックを使う」

ミッション3
「もしブロックを使う」

ミッション4
「合図を受け渡す」

小　　　年　　　組　名前

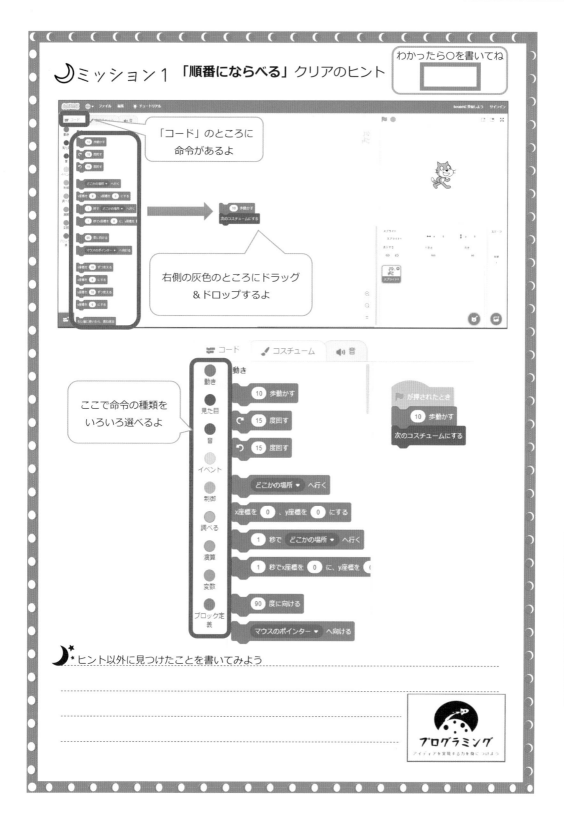

🌙ミッション1 「**順番にならべる**」クリアのヒント

わかったら○を書いてね

「コード」のところに命令があるよ

右側の灰色のところにドラッグ＆ドロップするよ

ここで命令の種類をいろいろ選べるよ

🌙* ヒント以外に見つけたことを書いてみよう

プログラミング
アイディアを実現する力を身につけよう

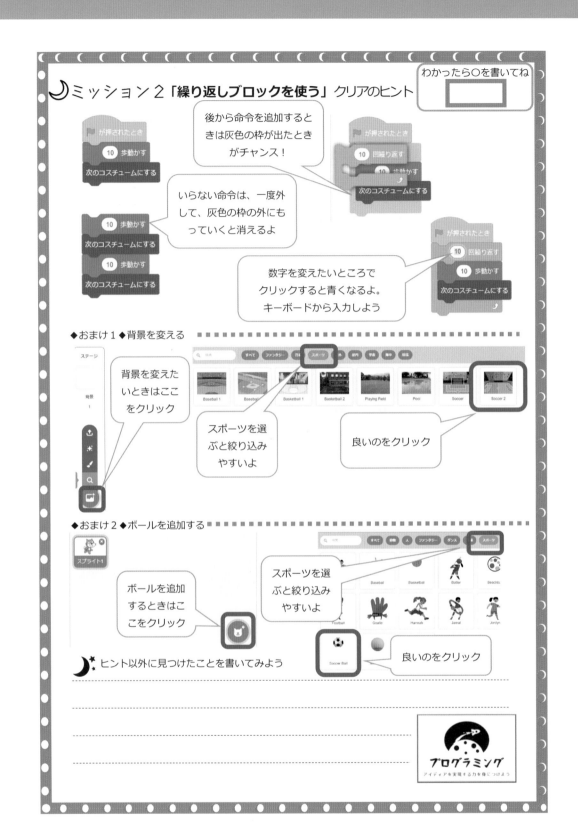

🌙ミッション2「繰り返しブロックを使う」クリアのヒント

後から命令を追加すると
きは灰色の枠が出たとき
がチャンス！

いらない命令は、一度外
して、灰色の枠の外にも
っていくと消えるよ

数字を変えたいところで
クリックすると青くなるよ。
キーボードから入力しよう

◆おまけ1◆背景を変える

背景を変えた
いときはここ
をクリック

スポーツを選
ぶと絞り込み
やすいよ

良いのをクリック

◆おまけ2◆ボールを追加する

ボールを追加
するときはこ
こをクリック

スポーツを選
ぶと絞り込み
やすいよ

良いのをクリック

🌙ヒント以外に見つけたことを書いてみよう

プログラミング
アイディアを実現する力を身につけよう

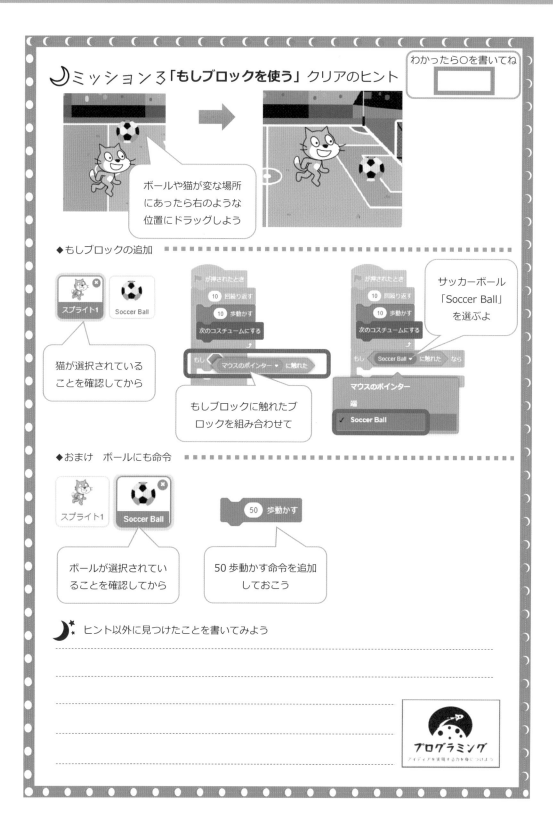

♪ミッション3「もしブロックを使う」クリアのヒント

わかったら○を書いてね

ボールや猫が変な場所にあったら右のような位置にドラッグしよう

◆もしブロックの追加

スプライト1　Soccer Ball

猫が選択されていることを確認してから

もし　マウスのポインター ▼ に触れた

サッカーボール「Soccer Ball」を選ぶよ

もしブロックに触れたブロックを組み合わせて

マウスのポインター
端
✓ Soccer Ball

◆おまけ　ボールにも命令

スプライト1　Soccer Ball

ボールが選択されていることを確認してから

50 歩動かす

50 歩動かす命令を追加しておこう

☾⋆ ヒント以外に見つけたことを書いてみよう

プログラミング
アイディアを実現する力を身につけよう

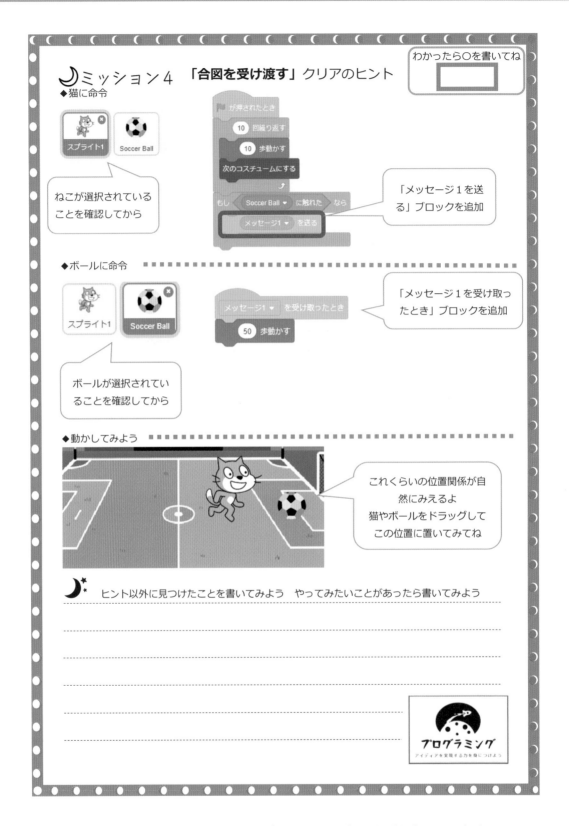

◗ミッション4　「合図を受け渡す」クリアのヒント

わかったら○を書いてね

◆猫に命令

スプライト1　Soccer Ball

ねこが選択されている
ことを確認してから

⚑ が押されたとき
10 回繰り返す
10 歩動かす
次のコスチュームにする
♪
もし　Soccer Ball ▾ に触れた　なら
メッセージ1 ▾ を送る

「メッセージ1を送
る」ブロックを追加

◆ボールに命令

スプライト1　Soccer Ball

ボールが選択されてい
ることを確認してから

メッセージ1 ▾ を受け取ったとき
50 歩動かす

「メッセージ1を受け取っ
たとき」ブロックを追加

◆動かしてみよう

これくらいの位置関係が自
然にみえるよ
猫やボールをドラッグして
この位置に置いてみてね

◗＊　ヒント以外に見つけたことを書いてみよう　やってみたいことがあったら書いてみよう

プログラミング
アイディアを実現する力を身につけよう

本項で紹介したワークシート類のデータ（data06,data07）が必要な方は，二次元
バーコードへアクセスしてください。

§1 プログラミング言語や教材を活用した
プログラミング学習

　プログラミング言語や教材は複数ありますが，大きく2種類に分類することができます。その2種類とは，「ビジュアル型プログラミング言語（以下，ビジュアル型プログラミング学習）」と，「フィジカルプログラミング言語（一般的には，ロボット型やフィジカル等，様々な呼称があります。本書では，以下，フィジカルプログラミング学習）」です。どちらもプログラミング言語の基本的な考え方を学ぶことができる教材です。

　私が研究対象としているイギリス[6]では，5歳からプログラミング教育が導入されています。イギリスで行われているプログラミング学習を中心に，幾つかの教材を紹介します。

(1) コードスタジオ（以下の画像は，https://studio.code.org/courses より引用）

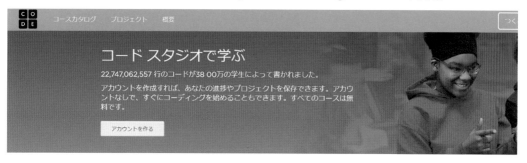

コンピュータ サイエンス入門

すべての年れいむけ、20 時間コースで、コンピュータ サイエンス入門を学んでください。

コース1
4-6 才
コース1は初心者向けです。

コース2
6才以上(読み書きができる)
コース2は読み書きができる生徒のためのコースです。

コース3
8-18 才
コース3はコース2をがくしゅうした人のためのコースです。

コース4
9-18 才
コース4を始める前に，コース2とコース3を終わらせてください。

コードスタジオとは，様々な年齢に対応したコーディングを学べる無料サイトです。

（2）Lightbot（https://lightbot.com/hour-of-code.html）

Lightbot で学ぶ子供たち

（3）Bee-Bot シリーズ（Bee-Bot の画像は，https://www.terrapinlogo.com/beebot.html より）

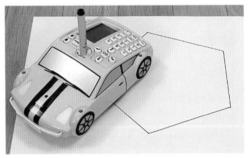

Pro-Bot

Bee-Bot

Bee-Bot とは，蜂の形状をした教材です。蜂の背中には，前進・後進・右回転・左回転等のボタンがあり，それらのボタンを組み合わせて目的を満たすプログラムを作ります。Bee-Bot には，その他にも，Pro-Bot（https://www.terrapinlogo.com/probot.html）と呼ばれる車の形状をした教材もあります。Pro-Bot の場合も，Bee-Bot のようなプログラムを制作できる他，写真のように線や絵を描くことも可能になります。

（4）レゴ®エデュケーション教材シリーズ

レゴ マインドストーム EV3

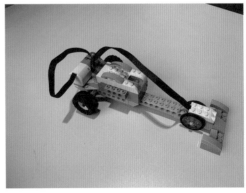

WeDo2.0

レゴ®エデュケーション教材シリーズには，教育版レゴ®マインドストーム®やレゴ®WeDo2.0 等，多彩な教材が用意されています。WeDo2.0 とは，レゴブロック同士を組み立てつつ，センサやモーターでつなぎ，専用のソフトウェアで動かすタイプです。マインドストームは，WeDo2.0 よりも各種センサ等の種類が増え，一層高度なプログラミングが可能かつ，自由度が高いタイプです。

Chilthorne Domer Church 小学校の Year 2〜3（6〜7 歳）では，マインドストームを使って子供たちにプログラムを考えさせていました。

右の写真は，プログラムを制作したり，動作確認をしたりしている様子です。

（5）micro: bit（以下，マイクロビット）（以下の画像は，https://microbit.org/ より引用）

マイクロビットとは，イギリスの公共放送局（British Broadcasting Corporation: BBC）が中心となって開発したフィジカルプログラミング学習用教材です。

操作画面は，右の写真のようなブロックタイプと，JavaScript タイプがあります。小学生には，ブロックタイプがお勧めです。

私が 2016 年 6 月 15 日（水）に訪問したイギリス（ハートフォードシャー州）の Merchant Taylors' 学校（11〜18 歳の男子が通う私立学校）では，第 7 学年（11〜12 歳）の生徒たちが，マイクロビットを用いたプログラミングを学習していました。

マイクロビットには，25 個の赤色 LED と共に，加速度・地磁気センサ等が搭載されています。次ページの左写真のように，じゃんけんプログラムをつくって遊ぶことができます。

各センサ機能を使うことで，次ページの右写真のように，向けた方向に表示を変えるプログラムを制作することもできます。この写真は，ある生徒が北方向に向けると，「N」と表示された様子です。

近年，マイクロビットに関する書籍が増えてきました。また，既存の教材にマイクロビットを組み合わせた教材もあります[7]。この教材は，小学校高学年にお勧めします。フィジカルプログラミング学習の教材は他にもあります。

 ビジュアル型プログラミング学習の教材を，もう少し詳しく教えて。

（1）コードスタジオ

　下の写真は，私が 2016 年 6 月 22 日に訪問した Chilthorne Domer Church 小学校の Year 2～3（6～7 歳）の Computing（コンピューティング）科の授業場面です。どの子供たちも，iPad を用いてプログラミングの考え方を楽しく学習していました。

　具体的には，次のような画面構成になっています。

ステージ7. みつばち：シーケンス①（https://studio.code.org/s/course1/stage/7/puzzle/1）

同サイトでは，主に「コンピュータサイエンス入門」と「Hour of Code（アワー オブ コード）」から構成されています。「コンピュータサイエンス入門」コース1（4〜6歳）には，以下のレッスンが設定されています。

レッスン名	進行状況
1. ハッピーマップ	アンプラグド アクティビティ*)，①
2. 動かせ！動かせ！	アンプラグド アクティビティ，①
3. ジグソーパズル：ドラッグ＆ドロップを学びましょう	①〜⑫
4. 迷路：シーケンス	①〜⑮
5. 迷路：デバッグ	①〜⑫
6. 現実のアルゴリズム：種を植えましょう	アンプラグド アクティビティ，①〜②
7. みつばち：シーケンス	①〜⑮
8. アーティスト：シーケンス	①〜⑫
9. ピラミッドをたてよう	アンプラグド アクティビティ，①
10. アーティスト：いろいろなかたち	①〜⑩
11. つづりみつばち	①〜⑫
12. Getting Loopy	アンプラグド アクティビティ，①
13. 迷路：ループ	①〜⑭
14. みつばち：ループ	①〜⑬
15. The Big Event	アンプラグド アクティビティ，①
16. プレイラボ：お話を作りましょう	①〜⑥
17. 安全な道を通って行く	アンプラグド アクティビティ，①
18. アーティスト：ループ	①〜⑩

＊）「アンプラグド アクティビティ」とは，アンプラグド型学習のことです。アンプラグド型学習については，次節を参照してください。

表中にある「7. みつばち：シーケンス」は，前のページで紹介した写真（画面）になります。どのレッスンも，子供たちがゲーム感覚でプログラミングの考え方を学べる構成です。

「Hour of Code」では，ダンスパーティ，マインクラフト，アナと雪の女王，古典的な迷路が紹介されています。次の写真（画像は，https://studio.code.org/s/aquatic/stage/1/puzzle/1 より引用）は，マインクラフトプログラミング入門①の画面です。

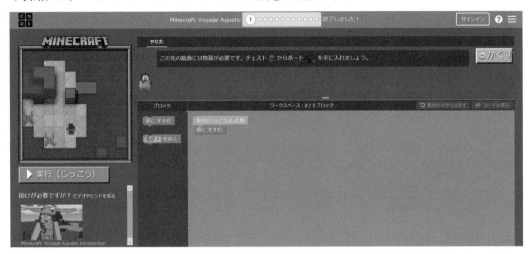

マインクラフトでは，2種類のキャラクター（Steve, Alex）を選択し，各ステージに設定された条件のクリアに挑戦します。ワークスペースの所に，前に進む・左に回転等のブロックを置いて実行ボタンをクリックすると，キャラクターが動き出します[8]。設定された条件通りにブロックを置くことができれば，そのステージをクリアし，次に進めることができます。

(2) Lightbot（https://lightbot.com/hour-of-code.html）

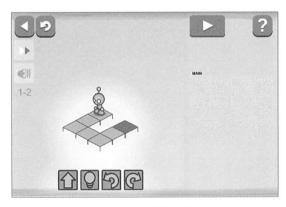

Lightbot の操作画面
（http://lightbot.com/flash.html）

Lightbot は，主に，幼児から小学生を対象としたプログラミング学習のアプリです。

このサイトには，4～8歳を対象とした「Lightbot Jr」と，9歳以上向けの「Lightbot」，そして，無料版の3種類があります。

無料版（http://lightbot.com/flash.html）では，三つのコースを体験できます。三つとは，基本コース（全8コース），プロシージャ（関数）コース（全6コース），ループコース（全6コース）です。

プロシージャ（関数）コース（https://lightbot.com/flash.html）

　プロシージャ（関数）コースでは，複数のコマンドをまとめて一つのブロックにまとめることができます。

　上の画面では，PROC1 の中に前に進む・前に進む・左回転の 3 個の手順を P1 のブロックとしてまとめています。目的を満たす動きを考える中で，同じパターンが出てくることがあります。その場合には，P1 のようにプロシージャ（関数）に変換すると，ブロックの数を減らすことができます。このコースでは，プロシージャ（関数）の考え方を取り入れることでクリアできるステージが設定されています。

　本項で紹介した**コードスタジオや Lightbot は，先生方にとっても気軽に，そして簡単に取り組めるコースが設定されています。**子供たちと一緒に体験することをお勧めします。また，ビジュアル型プログラミング学習は，他にも複数の教材（Viscuit や Scratch 等）があります。具体的には，第 1 章を参照してください。

　　　　　　次は，フィジカルプログラミング学習の教材を詳しく教えて。

（1）Bee-Bot シリーズ

　私が 2014 年 6 月 16 日（月）に訪問したロンドン市内の James Dixon 小学校では，第 2 学年（6〜7 歳）の子供たちが，Bee-Bot と Pro-Bot を使ったプログラミングを学習していました。2014 年は，イギリスがプログラミング学習を必修にした年です。

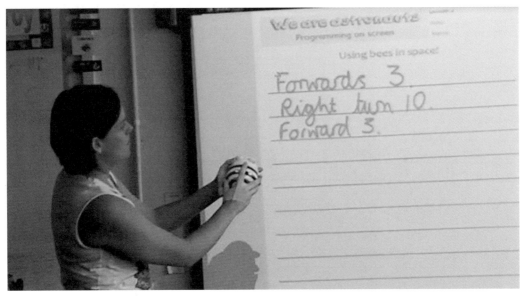

Bee-Bot の操作や課題を説明する様子

　課題は，「地球をスタート地点とし，月までたどり着くためにどんな指示をすればよいですか。また，月から火星にたどり着くまでに，どんな指示をすればよいですか」という内容でした。

　子供たちは，グループ毎になり，協力しながらボタンを次々に押して，動作を確認します。あるグループは，補助具を使って前進1回につき，どれだけ進むのかを確認しながらプログラムを考えていました。

Pro-Bot を操作する様子

進む距離を調べる補助具

　Bee-Bot・Pro-Bot は，ボタン操作で簡単に動かすことができる点が特徴の一つです。日本でも，Bee-Bot スターターパック（https://www.uepshop.jp/SHOP/T1-ITSPACK.html）として販売されています。この教材は，小学校低学年段階にお勧めの教材の一つと言えます。

　近年，我が国でも，フィジカルプログラミング学習を扱う小学校が増えています。予算面で購入が難しい小学校は，担当地区の教育委員会に協力を仰ぎ，一定数を購入してもらい，貸し出し制度を設けてもらいましょう。

まとめ①（ここがポイント！）

・ビジュアル型プログラミング学習は，コードスタジオやLightbot等，無料で体験できる
　サイトを利用しましょう。
・特に，コードスタジオは，小学校低学年から高学年まで様々なコースが設定されています。
　各コースには，ゲーム感覚でスモールステップしながらプログラミングの考え方を学ぶこ
　とができる効果的なレッスンが多数用意されています。

まとめ②（ここがポイント！）

・フィジカルプログラミング学習は，自分たちで考えたプログラムを実際に動かすことがで
　き，つくる楽しさや考える楽しさを効率的に学ぶことができます。
・特に，高価な教材については，各小学校で購入するのか，その地区の教育委員会と連携・
　協力するのかを考える必要があります。予算面で心配な小学校は，イギリスのように，担
　当地区の教育委員会に一定数購入してもらい，各小学校へ貸し出す制度を設定してもらえ
　るとよいでしょう。

振り返ってみよう（なるほど！）

　ビジュアル型プログラミング学習とフィジカルプログラミング学習は，低・中・高学年の各カ
リキュラムにバランス良く位置付けることが必要です。具体的には，低・中学年は，ビジュアル
型プログラミング学習を行い，高学年はフィジカルプログラミング学習を行います。または，低
学年はフィジカルプログラミング学習を行い，中・高学年ではビジュアル型プログラミング学習
を行う，という考え方もあります。
　本章で紹介したイギリスでは，2014年度からプログラミング教育が5歳児から必須化されて
います。どの教材も，子供たちが「もっと活用したい」「上手に取り組みたい」と思える魅力的
かつ，効果的な教材と言えるでしょう。
　今後，プログラミング言語や教材を活用した方法を導入する際には，各小学校の予算面や育み
たい資質・能力との関係も踏まえながら，**系統性かつ，発展性のあるプログラミング学習を位置
付けるカリキュラム・マネジメント**を心掛けましょう。

Ⅱ　ここから始める！　プログラミング学習のやり方・進め方

§2 コンピュータを使わないプログラミング学習（アンプラグド型学習）

本項の PR

　プログラミング教育を充実させる方法には，コンピュータを用いずに行う学習方法と，プログラミング言語や教材を活用した学習方法の2種類があります。本項では，コンピュータを用いずに行う方法を紹介します。

ここで，あなたに Q です。

　コンピュータを使わないプログラミング学習（アンプラグド型学習）とは，一体何でしょうか。

　アンプラグドとは，「プラグを必要としない」「電気楽器を用いない演奏」という意味です[9]。つまり，**コンピュータを使わないでプログラミング学習を行うことを，アンプラグド型学習**と言い換えることができます。

　プログラミング学習を通じて教える「順次処理」「反復処理」「分岐処理」等の処理は，本来であれば，コンピュータを用いて，これらの処理の考え方を身に付けさせます。それぞれの意味は，以下の通りです[10]。

順次処理……並んでいる順番に手続きや制御が行われて進んでいくこと。プログラムの内容は並び順に実行される。**発話で例えると，**「初めに，次に，……」となる。

反復処理……指定された条件が成立している間，繰り返し実行される箇所や，そのような制御構造のこと。**発話では，**「〜を○回繰り返す，〜をずっと繰り返す」となる。

条件処理……ある条件に従って，内容や行動の道筋を分けること。プログラムの中で条件によって動作内容を変える時に使う。プログラムの中で条件によって動作内容を変える時に使う。**発話で例えると，**「もし，〜なら」となる。

　一方，『小学校プログラミング教育の手引き』（第二版）「ア　コンピュータを用いずに行う指導の考え方」の文中には，「例えば低学年の児童を対象にした活動などで見いだすことができます」（p.19）と記載されています[11]。つまり，コンピュータを用いなくても指導可能な場面が多々あります。例えば，反復処理の考え方については，体育の授業で「先生が笛を鳴らすまで練習しなさい」と指示をしたり，家庭科の調理実習で「たまねぎがきつね色になるまで炒めなさい」という指示をしたりする授業を通じて，反復処理の知識・技能を身に付けさせることができます。

順次処理や分岐処理の場合も教えて。

　順次処理の場合，例えば，国語の授業で「初めに」「次に」「その次に」などの接続語を使って作文を作ったり，漢字の書き方（手順）を文章でまとめたりします。このような学習を通じて，子供たちは順次処理という知識・技能を身に付けることができます。

　分岐処理については，算数の授業で「もし，□の中が３だったら」というように仮定の言葉を使ったり，理科の授業でも「もし，この液体を青色のリトマス紙で調べたらどうなるかな」と予想を立てたりします。「もし，〜なら」を使った学習を行うことにより，子供たちは，分岐処理の知識・技能について，実体験を通じて理解することができます。

もう少し，具体的な授業の事例を教えて。

　小学校６年生理科「水溶液の性質とはたらき」の単元において，水溶液の性質を調べる実験（液を蒸発させて出てきた固体の性質を調べましょう）では，色々な結果の示し方があります。例えば，東京書籍の教科書（2014：p.162）[12]の場合，以下の表が記載されています。

	アルミニウム	アルミニウムがとけた液から出てきた固体	鉄	鉄がとけた液から出てきた固体
色・つや	うすい銀色（つやがある。）	白色（つやがない。）	こい銀色（つやがある。）	黄色（つやがない。）
塩酸を注いだとき	あわを出して，とけた。	あわを出さずに，とけた。	あわを出して，とけた。	あわを出さずに，とけた。
水を注いだとき	とけなかった。	とけた。	とけなかった。	とけた。

　このような学習では，子供たちに表づくりをさせたり，各液体の特徴を箇条書きでノートに考えさせたり等，色々なまとめ方をさせます。そこで，A小学校の亜樹先生（仮名）は，ここでの学習活動にアンプラグド型学習を取り入れました（図１）。

　図１は，各液体の性質が可視化されています。このようなまとめ方をすることで，各液体の性質を単に暗記させるのではなく，**「もし，〜だったら」という思考の方法を伴った知識の定着を図ることができる**ようになります。また，他の場面で各液体の性質を問われた場合，**「もし，〜だったら」という思考を手掛かりとして，身に付けた知識を想起し，自ら解決する活用力を発揮することができる**のです。

　亜樹先生による学習の流れを可視化した学習（図１）は，子供たちに分岐処理の知識・技能を身に付けさせたとも言えます。図１のように，本来はコンピュータ上で行うプログラムの書き方

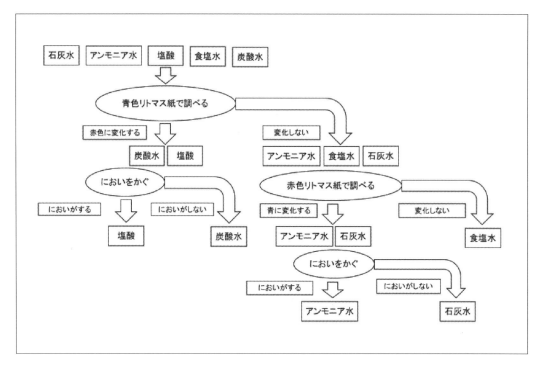

石灰水　アンモニア水　塩酸　食塩水　炭酸水

青色リトマス紙で調べる

赤色に変化する　　　　　　　　　　　変化しない

炭酸水　塩酸　　　　アンモニア水　食塩水　石灰水

においをかぐ　　　　　　　　赤色リトマス紙で調べる

においがする　においがしない　　青に変化する　　変化しない

塩酸　　　　　炭酸水　　　アンモニア水　石灰水　　　食塩水

においをかぐ

においがする　においがしない

アンモニア水　　石灰水

図１　フローチャートを活用したまとめ方

や分岐処理の考え方を，コンピュータを使わないで行うことができます。

　もう一つの事例を紹介します。それは，学級活動の「お楽しみ会を開こう」という活動です。亜樹先生は，反復処理の考え方を意識した学習場面として，２年生の子供たちと，グループ毎にお店屋さんを開くことになりました。おもちゃ屋さんを考えたグループでは，お店側の立場になって，セリフの内容を整理するために，次のような文を書きました。

1. はじめに，「いらっしゃいませ」とあいさつをします。
2. つぎに，おきゃくさんに「コインを１まいください」と言います。
3. コインをうけとったら，「じゃんけんをします。じゃんけんにかったら，すきなおもちゃを一つえらんでよいです」と言います。
4. さい後に，「ありがとうございました。また，来てください」とおれいを言います。
5. 1〜4をくりかえします。

　亜樹先生は，子供たちが書いたセリフについて，「5.……」の一文を加え，「この文は，同じことを何回も書かなくて良いための便利な文章ですね。繰り返し，という考え方は，コンピュータの活動の一つです」というように，プログラミング学習で大切にする反復処理の考え方を位置付けました。

　子供たちは，同じグループの友達に，「1〜4を言った後，別のお客さんが来たら同じセリフを繰り返してください」と説明していました。**このような説明を加えることで，子供の書く・話す**

スキルは向上していくのです。ただし，同手引きには，「プログラミング教育全体において児童がコンピュータをほとんど用いないということは望ましくない」(p.19) ことに留意する必要があります。

　そこで，アンプラグド型学習を行うポイントは，以下の2点です。

1. コンピュータ操作が十分でない低学年段階を中心に，アンプラグド型学習を行うこと
2. 中及び，高学年段階では，アンプラグド型学習と，プログラミングに関する教材の両方を取り入れたプログラミング学習に関する年間指導計画を作成すること

　アンプラグド型学習を行う際には，理科の授業例のように，各教科の目標と内容を一層充実させることができるかどうかを念頭に置いた上で判断することが大切です。

まとめ（ここがポイント！）

・コンピュータ上の複数の処理の考え方を，コンピュータを使わなくても学習させる方法が，アンプラグド型学習です。
・アンプラグド型学習は，コンピュータ操作が十分な時期ではない低学年段階を中心に取り入れることをお勧めします。

振り返ってみよう（なるほど！）

　4年生「総合的な学習の時間」の「身の回りの生活を便利にするための機能を考えよう」の活動において，担任の美樹先生（仮名）は，洗濯機や信号機，自動販売機を例に出し，それらの動きが，プログラムによって実現されていることを理解させる授業を行いました[13]。

　それぞれの例は，コンピュータ処理の「順次処理」「反復処理」「分岐処理」の中で，どの処理に当てはまるでしょうか。

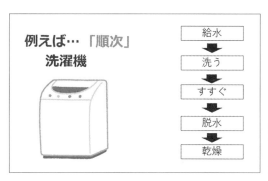

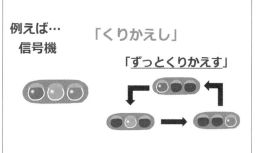

例えば…
自動販売機　　「もし～なら」

「100円を入れて、
もしリンゴジュースのボタン
が押されたら、

リンゴジュースが
出てくる」

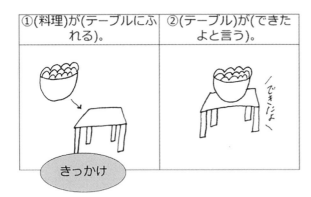

①(料理)が(テーブルにふれる)。

②(テーブル)が(できたよと言う)。

できたよ

きっかけ

　答えは，洗濯機は順次処理の考え方，信号機は反復処理の考え方，自動販売機は分岐処理の考え方に当てはまりますね。

　その後，子供たちは，「身の回りのものにどのような機能をつけたら生活が便利になるかを考えよう！」という学習課題のもと，色々なアイデアを考えました。

　ある子は，料理がテーブルに触れたなら，というきっかけを起点とし，テーブルが「できたよ」と声を出す機能を考えました。これは，分岐処理の考え方を活用した姿です。

　このような身近な事例を通して，『もし，～なら』という考え方は，コンピュータの活動の一つです」というように，プログラミング学習を位置付けることが大切です。

§1 なぜ，小学校にプログラミング教育を 導入するのか？

§1 なぜ，小学校にプログラミング教育を導入するのか？

小学校にプログラミング教育を導入する背景や理由を知ることは，プログラミング教育を進めていく先生方にとって大事な視点です。本項では，2020年度から必須化されるプログラミング教育の背景から見ていきましょう。

ここで，あなたにQです。
日本だけでなく，世界中において技術革新が急速に進んでいるのを知っていますか？

私たちの身近な生活は，日々，急激に進化しています。例えば，2022年頃には「ロボットの社会進出」，2025年頃には「AIが人の代役になる」，そして，2045年には「AIが人を超える」等，技術革新の進展は大きな期待に満ちあふれています。

このように，進化した人工知能（AI）が様々な判断を行ったり，**身近な物の働きがインターネット経由で最適化されたりする時代の到来（第4次産業革命）が，社会や生活を大きく変える**と予測されています。

私たちの社会や生活がどのように変わるのかを，もう少し具体的に教えて。

端的に言えば，新しい社会が到来します。技術革新の発展への期待と不安が混在する中，内閣府は，これまでの狩猟社会及び，農耕社会，工業社会，情報社会に続く社会として，人類史上5番目の新しい社会（Society 5.0）の到来を予想しています（図1）[14]。

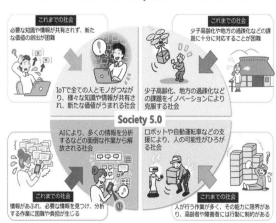

図1 これまでの社会，これからの社会（Society 5.0）（内閣府ホームページ，「Society 5.0」，https://www8.cao.go.jp/cstp/society5_0/index.html より）

図1より，進化した人工知能（AI）が様々な判断を行うと共に，インターネット経由による仕事内容や物流，情報等の効率化・最適化により，私たちの社会や生活を大きく変えていくこと

が現実化することを表しています。これが，第4次産業革命なのです。

私たちの社会が一層便利になるなら，子供も大人も安心して暮らせますね。

　確かに，人工知能による仕事の効率化・自動化は，労働者や高齢者の負担を軽くし，便利な世の中に変わっていくことでしょう。特に，我が国は高齢化を迎えつつあります。実は，日本の人口は，2004年をピークに減少傾向にあります。2050年には，約9500万人となり，その内の39.6%が高齢者になるとも予想されています。

　その一方，今ある仕事がなくなってしまうことも意味しているのです。英国オックスフォード大学の研究者であるカール・フレイ博士とマイケル・オズボーン博士は，2013年に発表した論文の中で，今後10〜20年程度の間に，世の中にある仕事の約半分が自動化される可能性が高い，という予測をしています[15]。自動化される仕事の中には，例えば，ネイリストがリストアップされています。実は，ネイルデザインの産業ロボットがすでに提案されています[16]。このように，**他の職種も次々に自動化される時代**になっていくことでしょう。

　そのため，一般社会においては，「人口知能の急速な変化によって，我々人間の職業を奪うのではないか」等の不安の声が大きくなっています。

今，学校で教えていることは，時代が変化したら通用しなくなってしまうの？

　仮にそのような時代になったとしても，普遍的に求められる資質・能力を発達段階に即して身に付けさせていくことが大切になります。急速な技術革新と共に，ビッグデータをはじめとした情報があふれる時代において，私は，以下の三つの資質・能力が重要になってくると考えます。

（1）　情報を読み解く力
（2）　情報を取捨選択する力
（3）　情報を図式化する力

　情報を読み解く力は，中央教育審議会の答申でも重要な力の一つとして挙げられています[17]。端的に言えば，読解力です。情報を読み解く力は，全ての学習の基盤となる言語能力として一層重視されています。

　情報を取捨選択する力とは，子供が集めた情報を似たもの同士に分けたり，カテゴリー毎に分けたりする力です。また，その問題を解くために必要な情報かどうかの是非を判断したり，優先順位を付けたりする力です。

　情報を図式化する力とは，必要な情報や集めた情報を図表に整理する力のことです。大人である私たちも，何かを提案するときにプレゼンテーション用ソフトを用いて，伝えたい内容を吟味し，要点を箇条書きにまとめたり，図表に整理したりします。これからの時代を生き抜く子供たちには，情報技術を効果的かつ，効率的に活用しながら，他者に伝えることを重点に置きつつ，多彩な情報を図式化する姿勢が求められます。

三つの資質・能力を育てるには，どのような教育が必要なのでしょうか？

　それが，プログラミング教育なのです。2016年4月19日，安倍総理大臣は政府の産業競争力会議で，プログラミング教育を小・中学校で必修科目にすることを提言しました[17]。安倍総理は，車の自動走行やドローンによる配送等，政府がすすめる第4次産業革命を担う人材を育成するため，「日本の若者には，第4次産業革命の時代を生き抜き，主導していってほしい」というメッセージを発信しています。また，海外からも人材を集めるため，永住権の取得も迅速化する方針であることも伝えています。

　安倍総理大臣の提言した4月19日，文部科学省は「小学校段階における論理的思考力や創造性，問題解決能力等の育成とプログラミング教育に関する有識者会議」を立ち上げ，小学校段階における資質・能力の育成と，プログラミング教育の在り方についての検討を開始しました[18]。同年6月16日の議論のまとめでは，以下の答申が示されています[19]。

> ○　子供たちが，情報技術を効果的に活用しながら，論理的・創造的に思考し課題を発見・解決していくためには，コンピュータの働きを理解しながら，それが自らの問題解決にどのように活用できるかをイメージし，意図する処理がどのようにすればコンピュータに伝えられるか，さらに，コンピュータを介してどのように現実世界に働きかけることができるのかを考えることが重要になる。

　この文章の最も大事なポイントは，「コンピュータの働きを理解すること」と，「意図する処理がどのようにすればコンピュータに伝えられるかを理解すること」の2点です。

　「コンピュータの働きを理解すること」とは，ロボット型掃除機や全自動洗濯機等の便利な機械が魔法の箱ではなく，**様々なものが内蔵されたコンピュータであることを理解すること**を意味しています。

　「意図する処理がどのようにすればコンピュータに伝えられるかを理解すること」とは，**様々なものが内蔵されたコンピュータは，複数のプログラムによって構成されていること（プログラミング）を理解すること**と解釈できます。

　つまり，子供たちに情報技術を効果的に活用しながら，論理的・創造的に思考し課題を発見・解決していくためには，発達段階に即してプログラミング教育を進めつつ，三つの資質・能力を育てていく必要があるのです。

> まとめ（ここがポイント！）
>
>
>
> ・急速な技術革新の時代において，普遍的に求められる三つの資質・能力とは，情報を読み解く力，情報を取捨選択する力，情報を図式化する力です。
> ・小学校にプログラミング教育を導入する背景には，子供たちに情報技術を効果的に活用し

ながら，論理的・創造的に思考し課題を発見・解決していくことができるようになってほしい，という政府の強い方針があります。

振り返ってみよう（なるほど！）

同年 6 月 16 日の議論のまとめでは，第 4 次産業革命が教育に何をもたらすのか，というテーマにおいて 2 点取り上げています[19]。それは，「『学ぶ』ことの意義と，これからの時代に求められる力の再確認」と，「『次世代の学校』の在り方」です。「『学ぶ』ことの意義と，これからの時代に求められる力の再確認」では，以下の答申に着目しましょう。

○　（中略）子供たちが複雑な情報を読み解いて，解決すべき課題や解決の方向性を自ら見いだし，多様な他者と協働しながら自信を持って未来を創り出していくために必要な力を伸ばしていくことが求められる。また，その過程において，私たちの生活にますます身近なものとなっている情報技術を，受け身で捉えるのではなく，手段として効果的に活用していくことも求められる。

キーワードは，**情報技術を受け身で捉えるのではなく，手段として効果的に活用していく力**が求められている，ということですね。
「『次世代の学校』の在り方」については，以下の答申が最も重要と考えています。

○　当然のことながら，ICT の導入によって全ての教育課題に道筋がつくわけではなく，実験・観察等を実際に体験することや直接的な交流の重要性等も踏まえ，子供たちに必要な学びをデザインする中で ICT を効果的に活用し，子供の学びを価値あるものとしていく教員の役割は，これまで以上に重要となる。（以降省略）

このことからは，**教員一人一人にとっても，情報技術の効果的な活用**が求められていることが分かります。つまり，あらゆる活動においてコンピュータ等の活用が求められる社会（Society 5.0）を生きる子供，そして我々大人たちにとっても，**情報や情報技術を受け身の姿勢から手段として活用していく力**が一層求められているのです。
これらの答申からも，小学校段階にプログラミング教育を導入する意義や必要性を読み解くことができます。

§2　プログラミング教育とは，どのような学びか？

ここで，あなたにQです。

　前項で確認した「情報技術を効果的に活用しながら，論理的・創造的に思考し課題を発見・解決していくことができる子供」を育成するポイントとは，一体何でしょうか？

　このような子供にするために，新学習指導要領では，教科等横断的な視点に立った資質・能力の育成を求めることとしました。その資質・能力とは，「言語能力，情報活用能力（情報モラルを含む。），問題発見・解決能力等」であることが示されています[20]。特に，情報活用能力は，今回の学習指導要領の改訂によって，学習の基盤となる資質・能力として新しく位置付けられました。

　実は，情報活用能力は，前回の学習指導要領が改訂された時，情報教育の目標の中で三つの観点（以下，力），「A 情報活用の実践力」，「B 情報の科学的な理解」，「C 情報社会に参画する態度」として整理されています[21]。

　つまり，**情報活用能力とは三つの力を総称した資質・能力**です。今回の改訂に伴い，情報活用能力は，言語能力と同様，学習の基盤として重要な資質・能力に設定され，小学校段階でプログラミング教育が必須化されました。また，中学校の技術・家庭科技術分野及び，高等学校においてもプログラミング教育を充実させることになったのです。

　　　　　　　　小学校で実施するプログラミング教育は，何を目指すのでしょうか。

『小学校プログラミング教育の手引』（第二版）[11]では，プログラミング教育のねらいを三つに整理しています。

(1)「プログラミング的思考」（自分が意図する一連の活動を実現するために，どのような動きの組合せが必要であり，一つ一つの動きに対応した記号を，どのように組み合わせたらいいのか，記号の組合せをどのように改善していけば，より意図した活動に近づくのか，といったことを論理的に考えていく力）[20]を育むこと

(2) プログラムの働きやよさ，情報社会がコンピュータ等の情報技術によって支えられていることなどに気付くこと

(3) 各教科等の内容を指導する中で実施する場合には，各教科等での学びをより確実なものとすること

「どのような動きの組合せが必要であり，一つ一つの動きに対応した記号を，どのように組み合わせたらいいのか，記号の組合せをどのように改善していけば，より意図した活動に近づくのか」という考え方は，コンピュータに命令するプログラムの考え方と解釈できます。コンピュータに行う命令等のプログラムに関する手続き等の考え方が，プログラミング的思考なのです。

情報活用能力とプログラミング的思考とは，どのような関係ですか？

初めに，小学校学習指導要領解説総則編の解説を以下に引用します。

> 　情報活用能力をより具体的に捉えれば，（中略）情報手段の基本的な操作の習得や，プログラミング的思考，情報モラル，情報セキュリティ，統計等に関する資質・能力等も含むものである。（pp.50-51）

A　情報活用の実践力	B　情報の科学的な理解	C　情報社会に参画する態度
・課題や目的に応じた情報手段の適切な活用 ・必要な情報の主体的な収集・判断・表現・処理・創造 ・受け手の状況などを踏まえた発信・伝達	・情報活用の基礎となる情報手段の特性の理解 ・情報を適切に扱ったり，自らの情報活用を評価・改善するための基礎的な理論や方法の理解	・社会生活の中で情報や情報技術が果たしている役割や及ぼしている影響の理解 ・情報モラルの必要性や情報に対する責任 ・望ましい情報社会の創造に参画しようとする態度
取組例 ・ICTの基本的な操作，情報の収集・整理・発信（文字入力，インターネット閲覧，情報手段の適切な活用等）	取組例 ・プログラミング（コンピュータを利用した計測・制御の基本的な仕組みの理解等）	取組例 ・情報モラル（情報発信による他人や社会への影響等）

プログラミング的思考

図. 情報活用能力の三つの力とプログラミング的思考との関係

　先ほど，情報活用能力は，「情報活用の実践力」「情報の科学的な理解」「情報社会に参画する態度」の三つの力から構成されていることを述べました。つまり，これら三つの力を育成する際，**プログラミング的思考を働かせる授業づくり**が必要となります（図1）。

　図1は，文部科学省の提案[22]を基に，私がプログラミング的思考との関係が分かるように図式化したものです。プログラミング教育とは，プログラミング的思考の育成を通して，三つの力から構成される情報活用能力を総合的に身に付けさせる教育です。「情報活用の実践力」では，読み・書き・計算のように，ICT の習得・活用を充実させます。「情報の科学的な理解」については，プログラミングに取り組むことが求められます。「情報社会に参画する態度」では，社会科や「特別の教科　道徳」等，教科横断的に情報モラルを育成します。そこで，様々な先行研究の成果[23~29]をふまえ，三つの力が目指す目標を，資質・能力の三つの柱「知識及び技能」，「思考力，判断力，表現力等」，「学びに向かう力，人間性等」に沿って整理した表を，以下に提案します（表1）。

表．学習の基盤となる資質・能力（情報活用能力）と三つの柱との関係

情報活用能力 / 三つの柱	A　情報活用の実践力	B　情報の科学的な理解	C　情報社会に参画する態度
知識・技能	・課題や目的に応じた情報手段を適切に活用する（文字の入力，電子ファイルの保存・整理，インターネットの閲覧，電子メールの送受信）	・身近な生活でコンピュータが活用されていることに気付く ・問題解決のためにコンピュータに指示を出すには必要な手順があることに気付く（手順，データ，構造化など）	・情報社会でのルール・マナーを遵守する（法の理解と遵守） ・情報を正しく安全に利用することに努める（安全への知恵） ・生活の中で必要となる情報セキュリティの基本を知る（情報セキュリティ）
思考力，判断力，表現力等	・必要な情報の主体的な収集・判断・表現・処理・創造する	・論理的に考えを進める ・動きに分ける ・記号にする ・一連の活動にする ・組み合わせる ・振り返る	・発信する情報や情報社会での行動に責任を持つ（情報社会の倫理） ・情報社会の危険から身を守ると共に，不適切な情報に対応する（安全への知恵） ・情報セキュリティの確保のために，対策・対応がとれる（情報セキュリティ）
学びに向かう力，人間性等	・受け手の状況を踏まえた発信・伝達を行う	・試行錯誤する態度を養う ・多様性を認める人間性を養う ・挑戦する態度を養う ・協働する態度を養う	・情報に関する自分や他者の権利を尊重する（情報社会の倫理） ・安全や健康を害するような行動を制御する（安全への知恵） ・情報社会の一員として，公共的な意識を持つ（公共的なネットワーク社会の構築）

　このように情報活用能力の目指す目標と，三つの柱との関係を整理しておくと，各学校での情報活用能力を教科横断的な視点で検討する際に役立ちます。各学校においては，表1と，第4章で紹介する情報活用能力の各評価基準表（pp.56-58）を参考にして，独自の情報活用能力一覧表と，各学年の題材指導計画を作成し，2020年度からの必須化に向けた体制づくりを整えましょう。

まとめ（ここがポイント！）

・プログラミング教育の充実を通じて育みたい資質・能力とは，情報活用能力（「情報活用の実践力」「情報の科学的な理解」「情報社会に参画する態度」）です。

・情報活用能力の育成には，プログラミング的思考を働かせる授業づくりが必要です。

・情報活用能力の目指す目標と，三つの柱との関係を整理しながら各学年の題材指導計画を作成することが大切です。

振り返ってみよう（なるほど！）

　初めに，情報活用能力をもう少し見ていきましょう。情報活用能力は，小学校学習指導要領（平成29年告示）解説総則編において，以下のように記載されています[20]。

　　情報活用能力は，世の中の様々な事象を情報とその結び付きとして捉え，情報及び情報技術を適切かつ効果的に活用して，問題を発見・解決したり自分の考えを形成したりしていくために必要な資質・能力である。（p.50）

　このように，これからの子供たちには，予測できない時代の変化を前向きにとらえ，主体的に人やものと向き合ったり，自らの可能性を発揮したりして，**よりよい社会と豊かな人生の担い手並びに，創り手となる力，情報活用能力**が一層必要と言えるでしょう。

　次に，プログラミング的思考について振り返りましょう。有識者会議「議論の取りまとめ」では，プログラミング的思考を述べている以下の文章を引用します[19]。

○　こうした「プログラミング的思考」は，急速な技術革新の中でプログラミングや情報技術の在り方がどのように変化していっても，普遍的に求められる力であると考えられる。また，特定のコーディングを学ぶことではなく，「プログラミング的思考」を身に付けることは，情報技術が人間の生活にますます身近なものとなる中で，それらのサービスを受け身で享受するだけではなく，その働きを理解して，自分が設定した目的のために使いこなし，よりよい人生や社会づくりに生かしていくために必要である。言い換えれば，「プログラミング的思考」は，プログラミングに携わる職業を目指す子供たちだけではなく，どのような進路を選択しどのような職業に就くとしても，これからの時代において共通に求められる力であると言える。

　ここで留意したい点は，プログラミング言語や技能を習得させることがねらいではないことです。大事なことは，プログラミング教育のねらいである「①プログラミング的思考」と，「②プログラムに対する気付きや態度」をねらいとすることです。そして，各教科等の内容を指導する中でプログラミング体験を行う場合には，「**③各教科等の内容を指導する中で実施する場合には，各教科等での学びをより確実なものとすること**」のねらいにも迫っていくことが大切です。

§3　プログラミング学習の分類と指導の進め方

ここで，あなたにＱです。

　子供たちがプログラミングを体験しながら，コンピュータに意図した処理を行わせるための論理的思考の学習活動は，一体幾つに分類できますか？

　答えは，六つです。小学校プログラミング教育の手引の一部を，以下に引用します[11]。

表1　プログラミングに関する学習活動の分類表

教育課程内	A　学習指導要領に例示されている単元等で実施するもの
	B　学習指導要領に例示されてはいないが，学習指導要領に示される各教科等の内容を指導する中で実施するもの
	C　教育課程内で各教科等とは別に実施するもの
	D　クラブ活動など，特定の児童を対象として，教育課程内で実施するもの
教育課程外	E　学校を会場とするが，教育課程外のもの
	F　学校外でのプログラミングの学習機会

　表1のAは，新学習指導要領に例示されている単元等で実施するものとして算数と理科，総合的な学習の時間の3教科が該当します。特徴的な点は，総合的な学習の時間の3事例は，情報に関する探究課題としての学習場面でプログラミング学習を進めることが示されている点です。探究的な学習を進める中でのプログラミング学習では，プログラムを作成することが目的というよりも，**探究課題の解決のために，プログラミングを探究ツール（手段・方法）として活用すること**が期待されています。

　B分類は，新学習指導要領には例示されていませんが，各教科等の特質に応じて実施することが可能な学習場面という意味です。

　表1のAとBは，学習指導要領に具体的な単元が例示されているか，されていないかの違いはありますが，**双方において，各教科等での学びを一層確実にするためのプログラミング学習への取り組み**が大切であることがポイントです。

　表1のCでは，教育課程内で各教科等とは別に実施するものとして，以下のような取り組みが期待されています[11]。

① 　プログラミングの楽しさや面白さ，達成感などを味わえる題材などでプログラミングを体験する取組
② 　各教科等におけるプログラミングに関する学習活動の実施に先立って，プログラミング言語やプログラミングの技能の基礎についての学習を実施する取組
③ 　各教科等の学習と関連させた具体的な課題を設定する取組

C分類は，各教科等の学びを確実にすることをねらいにする必要はなく，**プログラミングの楽しさや技能の習得等を中心とした学習場面**であることが分かります。C分類の主な特徴は，②で述べている通り，A及び，B分類で実施予定のプログラミング言語やソフトウェアの操作（コンピュータの起動やマウス・キーボード操作，ファイルの保存方法等）を円滑に進めるために，朝学習や休み時間等，日常生活を活用して事前に経験させておくことです。

　D分類及び，E，F分類に関しては，教育課程内・外の違いはありますが，各学校や地域，企業，教育委員会等の創意工夫によって，**コンピュータやプログラミングへの興味・関心を持つ子供たちが集い，課題を設定してプログラムを作成する等の活動を実施すること**が期待されています。各分類の詳細な学習活動の事例は，第1章で紹介しています。

　プログラミング学習を教育課程に位置付ける場合，どのような考え方で準備を進めたらよいのでしょうか？

　六つの学習活動に分類されるプログラミング学習を教育課程に意図的かつ，計画的，組織的に位置付けるには，以下の手順で考える必要があります。

---

① プログラミング教育のねらい及び，資質・能力，学習活動との関係性を整理しよう
② 必要な指導内容を教育課程内で行うのか，教育課程外で行うのかを検討しよう
③ 各分類に使用するプログラミング教材を選択しよう
④ 使用するプログラミング教材をインストールしよう

　初めに，①を考えます。各学校においては，プログラミング教育のねらい及び，育む資質・能力を明らかにして，それらを効果的かつ，効率的に育む学習活動を選択しましょう。小学校プログラミング教育の手引や学習指導要領の総則等を踏まえ，プログラミング教育のねらいと，育む資質・能力，六つの学習活動との関係を次の表のように提案します。

　各学校においては，この表を参考にしつつ，プログラミング教育のねらいと学習活動との関係

分類 ＼ 資質・能力	プログラムの働き等に関する気付きや，プログラムの作成等の育成（知識及び技能）	プログラミング的思考を育むこと（思考力，判断力，表現力等）	コンピュータ等を活用する態度の育成（学びに向かう力，人間性等）	各教科等での学びをより確実なものとすること
A	◎	◎	◎	◎
B	○	◎	○	◎
C	◎	○	◎	○
D	○	○	○	◎
EとF	○	○	◎	○

※◎：十分に関連している，○：関連している

性を整理してみてください。これは，手順②を考える指針のためです。

　では，②を考えます。例えば，A小学校では，「各教科等での学びを確実なものとしたいから，AとB分類を中心に，必要な指導内容を教育課程内に配列しよう」と考えました。

　B小学校では，「学びに向かう力，人間性等を重視したいから，AとC，E分類に着目しよう。AとC分類は，必要な指導内容を教育課程内に配列しよう。E分類は，市教委と連係を図って土曜学習プログラムを校内で実施してもらうようにお願いをしてみよう」と考えました。どの分類でどのような学習を行うのかについては，「小学校を中心としたプログラミング教育ポータル（https://miraino-manabi.jp/）」[29)]が参考の一つになります。

　その次に，③を考えます。プログラミング教材の種類は，以下のように整理できます。

種類	アンプラグド型学習	ビジュアル型 プログラミング学習	フィジカル プログラミング学習
教材例	・絵本，カード，フローチャート等	・Scratch，Viscuit，コードスタジオ等	・micro:bit，レゴ®エデュケーション，Ozobot等
特徴	コンピュータを使わずに，カードに書かれた命令の順序を入れ替えたり，友達に動作の指示を出したりして学習する。	コンピュータ上のブロック等を操作して指示を出すと，画面上のキャラクターが指示通りに動き出す。	各機器が，プログラミングによる命令に従って，光や音，動き等の様々な反応を行う。

　各学校では，各分類に適したプログラミング教材を予算とも勘案しつつ，発達段階に即して選択する必要があります。プログラミング教材の詳細は，第2章を参照してください。

　最後に，④を行います。具体的には，ビジュアル型プログラミング学習の場合，コンピュータのインターネット接続環境の有無を確認します。インターネット接続環境が十分でない場合，各教材（ScratchやViscuit等）をオフライン（インターネット接続不要）版として各コンピュータにインストールする必要があります。また，フィジカルプログラミング学習の場合，92ページに記載した点を確認しましょう[30〜31)]。

まとめ（ここがポイント！）

・プログラミング学習の学習活動は，六つの学習場面に分類されます。

・各学校においては，四つの手順「①プログラミング教育のねらい及び，資質・能力，学習活動との関係性を整理しよう」，「②必要な指導内容を教育課程内で行うのか，教育課程外で行うのかを検討しよう」，「③各分類に使用するプログラミング教材を選択しよう」，「④使用するプログラミング教材をインストールしよう」に沿ってプログラミング学習の準備を進めることが大切です。

振り返ってみよう（なるほど！）

　A分類とB分類は，同手引きにおいて，以下のような単元や学習場面が紹介されています。

A-①　プログラミングを通して，正多角形の意味を基に正多角形をかく場面（算数　第5学年）

A-②　身の回りには電気の性質や働きを利用した道具があること等をプログラミングを通して学習する場面（理科　第6学年）

A-③　「情報化の進展と生活や社会の変化」を探究課題として学習する場面（総合的な学習の時間）

A-④　「まちの魅力と情報技術」を探究課題として学習する場面（総合的な学習の時間）

A-⑤　「情報技術を生かした生産や人の手によるものづくり」を探究課題として学習する場面（総合的な学習の時間）

B-①　様々なリズム・パターンを組み合わせて音楽をつくることをプログラミングを通して学習する場面（音楽　第3学年～第6学年）

B-②　都道府県の特徴を組み合わせて47都道府県を見付けるプログラムの活動を通して，その名称と位置を学習する場面（社会　第4学年）

B-③　自動炊飯器に組み込まれているプログラムを考える活動を通して，炊飯について学習する場面（家庭　第6学年）

B-④　課題について探究して分かったことなどを発表（プレゼンテーション）する学習場面（総合的な学習の時間）

　本書においても，A分類とB分類の具体的な実践例を第1章で紹介しています。各学校においては，同手引きや本書に示されている事例を参考にしながら，子供たちや，学校・地域の実態に応じて，プログラミング学習の準備を進めていきましょう。

§1　プログラミング学習で育む情報活用能力

　本章では，プログラミング学習の理論を確認しましょう。まず，プログラミング学習で育む情報活用能力を細かく確認します。次に，プログラミング学習の年間指導計画のつくり方を提案します。特に，年間指導計画に必ず取り入れたい学習内容が3点あります。その3点をいかに年間指導計画に取り入れるかが鍵になります。

本項のPR

　本項では，プログラミング学習を実施するために必要なポイントを提案します。私が提案したポイントを大切にし，実践や授業改善に生かしてください。きっと，校内研修やOJTの充実にもつながります。無理のない範囲でプログラミング学習を学校内に普及しましょう。

ここで，あなたにQです。
情報活用能力を育成するプログラミング学習は，何をどこから進めたらよいでしょうか？

　プログラミング学習を行う上で最も心掛けたいことは，学習基盤としての情報活用能力を十分に理解することです。

　　　十分に理解するという意味は，第3章49ページの学習の基盤となる資質・能力（情報活用能力）と，三つの柱との関係のことですか？

　第3章49ページに示した内容は，最終的に到達することが求められる力（到達目標）となります。それらの目標を低学年・中学年・高学年という3段階に分けた目標（評価基準）を理解しておくと，それぞれの学年に適したプログラミング学習を考えることが容易となります。

　私は，様々な先行研究[23〜29]を踏まえ，情報活用能力を構成する三つの力についての評価基準表（表1〜3）を作成しました。

　その際，低学年から高学年まで，少しでもスモールステップの目標になるように系統化を図ることと，平易な言葉で表現することに努めました。

　各表の三つの柱に示されている到達目標に到達するためには，複数の段階をステップアップして身に付けることが必要となります。表1〜3には，低・中・高学年の2学年毎に関する評価基準表が整理されています。

　情報活用能力の実践力に関する評価基準表の知識・技能では，**2学年毎にICTに関する小さな目標を6項目**示してあります。思考力，判断力，表現力等においては，ICTを使う場面を系統的に記載してあります。学びに向かう力，人間性等では，ICTを使って発表する（ICTで表現したものを使って発表する）場面を想定しています。

表 1　情報活用の実践力に関する評価基準表

三つの柱	目標	低学年	中学年	高学年
知識・技能	課題や目的に応じた情報手段を適切に活用する（文字の入力、電子ファイルの保存・整理、インターネットの閲覧、電子メールの送受信等）。	ICT機器の基本的な操作を行っている。 ・キーボードやマウス等の基本的な入力や簡単な作図と、プリンタやモニタ等の出力 ・コンピュータと周辺機器を接続して、デジタルカメラの画像のコンピュータへの取り込みと印刷 ・コンピュータの基本的な操作（起動・終了・ファイルへの使用 ・インターネットの使用 ・デジタルカメラやビデオカメラを使って、目的に合った写真・動画撮影画像収集、音声記録 ・大型提示装置（電子黒板やプロジェクタ等）を活用した写真や動画の投影	目的に応じて、ICT機器を操作している。 ・適切なフォルダを利用したファイル保存。 ・マウスを用いた図形の作図や、簡単なデジタル作品の構想 ・コンピュータと周辺機器（デジタルカメラ等）を接続して、画像データのコンピュータへの適切な保存 ・目的を満たすインターネットや印刷物等のメディアの閲覧と検索 ・ブラウザのリンクやお気に入り等の基本機能の使用 ・ネットワーク上のルールやエチケット等を正確に理解しつつ、宛先やタイトル等を正確に入力した伝達ツール（電子メール、SNS等）の送受信	目的に応じて、ICT機器を複数操作している。 ・デジタル媒体による共同作業を行うソフト（レポート作成支援ソフト）の活用 ・様々なデータや情報について、コンピュータを用いた図表化 ・プレゼンテーションソフトによる基本操作と、画像や文字等の編集 ・ネットワーク上のルール・エチケット・特性を十分に理解したWebページによる情報発信 ・検索エンジンの適切な活用（キーワード検索、類似語検索等） ・インターネット上の伝達技術（インスタグラム、YouTube等）における適切な利用（閲覧と書き込み）
思考力、判断力、表現力等	必要な情報の主体的な収集・判断・表現・処理・創造をする。	ICT機器の操作やメディアとの関わりを通して、興味・関心のある情報を自らまたは、先生と一緒に収集・判断・表現している。	先生が準備したメディア集または児童用検索エンジンの中から必要な情報を見付け、コピーしたり、メモしたりして、必要な情報の収集・判断・処理・表現をしている。	問題解決に必要な情報を見付けるために、関連のあるメディアを創造したり、複数のwebページを参照したりして、主体的に収集・判断・処理・表現している。
学びに向かう力、人間性等	受け手の状況を踏まえた発信・伝達を行う。	絵や短い文章等で自分の考えをまとめたり、簡単なデジタル作品を制作したりして、情報を正確に発信・伝達している。	受け手や状況に応じた適切なツールを用いて、情報を分かりやすく発信・伝達している。	受け手の意図や状況を正確に理解し、複数の意見や考えをまとめつつ、的確な応答や、詳細な情報を発信・伝達している。

表2　情報の科学的な理解に関する評価基準表

三つの柱		目標	低学年	中学年	高学年
知識・技能		身近な生活でコンピュータが活用されていることや、問題解決のためにコンピュータ等に指示を出すには必要な手順があることに気付く。	身近な生活でコンピュータが活用されていることに気付き、手順（順次処理・反復処理・分岐処理）に気付いた簡単なプログラムを作成・修正している。	社会におけるコンピュータの役割や影響に気付き、各手順（順次処理・反復処理・分岐処理）と、データ（真偽値や集合データ）とを適切に組み合わせたプログラムを作成・修正している。	身近な生活の中にプログラミングが使われていることを理解し、座標・乱数に気付き、プログラムを作成し、目的を満たすプログラムを作成・修正している。
思考力・判断力・表現力等	プログラミング的思考の基本的な考え方を理解し、必要に応じて適切なプログラミング的思考を活用する。	論理的に考えを進める。	問題を解決するために自らの予想を立てている。	原因や結果の中から必要な関係性を見付け、筋道を立てて考える。	ルールや原則を帰納的に見出し、筋道を立てて表現したことを他の問題に当てはめて考える。
		動きを分ける。	大きな動き（事象）に分けて考える。	問題を解決するために、大きな動き（事象）を細かく分けて考える。	問題を解決するためには、大きな動き（事象）に効率よく分けて考える。
		記号にする。	類似している動き（事象）同士を分類して、必要な要素（観点）を考え、選ぶ。	類似している動き（事象）同士を分類して、必要な要素（観点）を自ら考え、選ぶ。	問題解決のために必要な要素（観点）を複数取り出し、最適な要素（観点）を選ぶ。
		一連の活動にする。	問題の中にある類似性や関連性に注目して考える。	見出した類似性や関連性が、他の場合でも活用できることを考える。	見出した類似性や関連性の中から、問題を解決するために必要な類似性や関連性を取り出し、考える。
		組み合わせる。	問題解決のために、色々アイデア（方法や手順等）を考える。	効率的または、効果的なアイデア（方法や手順等）を考える。	問題に応じて、効率的かつ、効果的なアイデア（方法や手順等）を考える。
		振り返る。	アイデア（方法や手順等）の出来栄えを考える。	他者評価を取り入れつつ、出来栄えまたは、改善点を考える。	問題点や課題を見出し、より良いアイデア（方法や手順等）を見付けようと考える。
学びに向かう力・人間性等	コンピュータの働きを、よりよい人生や社会づくりに生かそうとする態度を涵養する。	試行錯誤する態度を養う。	最初に思い浮かべたアイデアと考えと実際とを比べ、その違いに気付き、修正しようとする。または、一緒に修正しようとしている。	学習過程について、当初の見通し通りかどうかを振り返り、失敗を恐れずに、友達や先生と一緒に修正しようとしている。	学習過程について、当初の見通し通りかどうかを振り返り、自ら活動記録を残したり、改善点を見付け、最後まで修正しようとしている。
		多様性を認める人間性を養う。	問題解決のアイデア（方法や手順等）が複数あることに気付き、進んで認めようとしている。	問題解決のアイデアを尊重し、それぞれの良い所を認め、適切なアイデアを取り入れる。	問題解決のアイデアを尊重し、それぞれの課題や改善点等、建設的なアイデアを助言している。
		挑戦する態度を養う。	目的に向かって最後までやり遂げようとしている。	難易度の高い問題を自ら選び、最後までやり遂げようとしている。	新たな価値を創造する問題に最後まで取り組み、解決策や作品等を社会に公開しようとしている。
		協働する態度を養う。	友達の意見に耳を傾けて、友達を手伝おうとしている。	友達の意見を求め、友達と協働して取り組もうとしている。	創造的な活動において、自分の意見も大切にし友達の意見も大切にして取り組もうとしている。

表 3　情報社会に参画する態度に関する評価基準表

三つの柱	目標	低学年	中学年	高学年
知識・技能	情報社会でのルール・マナーを遵守する（法の理解と遵守）。	日常生活における公共の情報（新聞、チラシ、雑誌等）を扱うルール・マナーを知り、守る。	情報の発信や情報のやりとりにおけるルール・マナーを知り、守る。	ルール・マナーに反する行為や、ルール・決まりを守ることの社会的意味の意味を知り、守る。
	情報を正しく安全に利用することに努める（安全への知恵）。	知らない人には連絡先を教えないことを知る。	情報には誤ったものもあることに気付き、個人情報を他人に漏らさないこと。	情報の正確性を判断する方法と、個人情報を第三者に漏洩しないこと。
	情報セキュリティの確保のために、対策・対応がとれる（情報セキュリティ）。	本や雑誌等から引用する時の約束事を知る。	情報が持つ影響を考え、相手の気持ちや立場を考えた文章を知る。	情報の破壊や流出を守る方法を知る。
思考力・判断力・表現力等	発信する情報や情報社会での行動に責任を持つ（情報社会の倫理）。	約束や決まりを守ることを考え、判断、行動しようとする。	相手への影響を考え、判断、行動しようとする。	他人や社会への影響を考え、判断、行動しようとする。
	情報社会の危険から身を守ると共に、不適切な情報に対応する（安全への知恵）。	情報伝達機器を大人と一緒に使うこと、不適切な情報に出合わない環境で利用することを考える。	危険や不適切な情報に出合った時には、大人に意見を求め、適切に対応することを考える。	危険な内容や不適切な情報を予測・判断したり、対応策を考えたりする。
	生活の中で必要となる情報セキュリティの基本を知る（情報セキュリティ）。	周囲の安全を確認し、情報の発信方法を考える。	認証の重要性を理解し、状況に応じて正しい利用方法を考える。	不正使用や不正アクセスされない利用方法を考える。
学びに向かう力・人間性等	情報に関する自分や他者の権利を尊重する（情報社会の倫理）。	人が作ったものを大切にする心をもつ。	自分の情報や他人の情報を大切にする心をもつ。	情報にも自他の権利があることを知り、尊重する心をもつ。
	安全や健康を害するような行動を制御する（安全への知恵）。	安全や健康を害する行動を抑制するために、決められた利用時間や約束を守る心構えを持つ。	安全な生活や健康の目標を立てて、利用時間を自ら決めて守る心構えをもつ。	健康を害するような行動を自制し、人の安全を脅かす行為を行わない心構えを持つ。
	情報社会の一員として、公共的な意識を持つ（公共的なネットワーク社会の構築）。	公共の場において、ネットワークが使われていることへの興味・関心を示し、先生と一緒に使おうとしている。	友達と協力し合って、ネットワークを使おうとしている。	ネットワークは共用のものであるという意識を持って使おうとしている。

情報の科学的な理解に関する評価基準表の知識・技能では，プログラミングに必要な基本要素が示されています。具体的には，低学年では，**手順（順次処理・反復処理・分岐処理）に関する基本要素を理解すること**が求められている，という意味です。中学年では，それぞれの手順と収集したデータ（真偽値や集合データ）とを適切に組み合わせたプログラムづくりまでが期待されています。高学年になると，座標や乱数への理解が必要となります。

　思考・判断・表現では，学ぶ対象や内容に応じて，六つの思考を少しずつステップアップしていきます。例えば，「思考・判断・表現」の六つの思考のうち，「論理的に考えを進める」を確認しましょう。

　低学年では，「問題を解決するために自らの予想を立てる」レベルが示されています。具体的には，生活科の植物の観察場面で予想を立てさせる授業場面では，子供に予想を一生懸命に立てさせると，子供の頭の中に「論理的に考えを進める」という思考が働く，という意味です。

　中学年では，「原因や結果の中から必要な関係性を見付け，筋道を立てて考える」とあります。例えば，4年生算数科「垂直・平行と四角形」において，三角形の面積の求め方は分かるけど，四角形の面積の求め方が分からないという原因の場面を取り上げます。この時，子供たちは二つの三角形から四角形が成り立つという関係性を見付け，三角形の面積の求め方を利用すると解決できそうだ，という筋道を立てて考えます。このような学習場面で子供に考えさせる授業を位置付けると，子供たちの頭の中は，「論理的に考えを進める」という思考が働くでしょう。

　高学年では，「ルールや原則を帰納的に見出し，筋道を立てて表現したことを他の問題に当てはめて考える」とあります。例えば，6年生理科「水よう液の性質」では，各水溶液の特徴を整理するために，青色リトマス紙を付けると，赤色に変化する水溶液を2種類（塩酸と炭酸水）提示します。この時，水溶液の性質をすぐに教えるのではなく，何色に変化するのかを予想させたり，実験結果から分かること，もっと調べたいことを考えさせたり等，自ら考えさせる授業を大切にします。子供たちは，同じ色に変化した水溶液には共通点があることを見出し，他の水溶液にも同じ変化が起きるのかを考えようとします。これは，「論理的に考えを進める」という思考を働かせた姿です。

　情報社会に参画する態度については，**学年が上がるにつれて，対象内容が増えていきます**。例えば，知識・技能の「情報を正しく安全に利用することに努める（安全への知恵）」においては，低学年では，知らない人には連絡先を教えない範囲です。中学年になると，連絡先のみならず，性別や家族構成などの個人情報が対象範囲となります。高学年では，個人で得た情報が確かなものかどうかを踏まえつつ，友達や家族等，他者の個人情報についても守るための知識・技能が求められます。

　大切なことは，**個々の評価基準表で示されている小さな目標に到達するために，どのような教科で，どのような学習内容が必要になるのかを考えた授業づくりや年間指導計画を立てること**です。各小学校では，これらの表を羅針盤として活用しましょう。

まとめ（ここがポイント！）

・情報活用能力の実践力に関する評価基準表の知識・技能には，ICT に関する小目標を 6 項目示してあります。思考力，判断力，表現力等の小目標では，ICT を使う場面を意識して授業を行います。学びに向かう力，人間性等では，ICT を使って発表する（ICT で表現したものを使って発表する）場面を想定しています。
・情報の科学的な理解では，子供たちが各々の思考を使いたくなる働き掛け（発問や指示等）を大切にした授業づくりを心掛けましょう。
・情報社会に参画する態度については，主に，「特別の教科　道徳編」や学級活動の授業を想定した授業づくりを考えましょう。

振り返ってみよう（なるほど！）

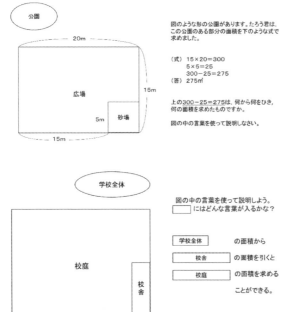

川北（2019）[32] によると，三重郡全体の CRT の結果報告会において，小学校算数科 4 年で最も無答率の高い問題を紹介しています。

同氏は，この問題の無答を減らす授業の手立てとして，以下のように，**計算式をなくし，言葉だけ使って説明する授業に変えてから子供に考えさせる授業**を提案しています。

左図の通り，文字や数字等の式を言葉に置き換えることで，子供に説明する力を身に付けさせることを狙っています。

このような授業は，情報の科学的な理解で示した六つの思考のどれに該当すると思いますか。

答えは，「記号にする」という思考です。なぜなら，子供が複数の情報をキーワードとして要約しようとする姿は，「必要な要素（観点）を自ら考え，選ぶ」姿の表れと言えるからです。

このような場面においても，プログラミング的思考が使われていることが分かります。

§2　プログラミング学習の年間指導計画の つくり方

> 本項の PR
>
> 　本項では，プログラミング学習の年間指導計画のつくり方を提案します。その時，年間指導計画に必ず取り入れてほしい学習内容が３点あります。その３点を年間指導計画にいかにして取り入れるかが，情報活用能力の育成を充実させる鍵になります。年間指導計画のつくり方を学び，プログラミング学習の普及・発展につなげましょう。

　まずは，56〜58 ページに示した低・中・高学年の評価基準表に到達させるために，関連のある教科及び，学習内容の資料（data08）を Google ドライブよりダウンロードしましょう[33]。

　下線が引いてある項目は，A 分類になります。二重線が，B 分類に該当します。特に，「情報の科学的な理解」では，プログラミング学習に関する３種類の指導方法が示されています。ビジュアル型プログラミング学習には★マークを，フィジカルプログラミング学習には◆マークで示してあります。各学校においては，現職研修等を活用し，各学年一覧表の中から，出来そうな教科や試してみたい学習内容を選びつつ，年間指導計画として作成していきます。

　評価基準表がたくさんあるし，data08 には，関連する教科も色々あり過ぎて，何から選んだら良いか分からないわ。

　年間指導計画をつくる時に心掛けていただきたいことは，必須の学習内容を年間指導計画表に位置付け，確実に実施することです。必須の学習内容とは，次の３点です。

(1)　A 分類及び，B 分類に示されている学習内容を配置すること

(2)　各学年における情報活用能力に関する授業を**最低 9 単元**設定・実施すること

(3)　低・中・高学年の２学年毎に，アンプラグド型学習と，ビジュアル型プログラミング学習，フィジカルプログラミング学習を**バランス良く**取り入れること

　(1) は，A 分類と，B 分類の内容のことです。A 分類及び，B 分類の事例は，他にもあります。例えば，小学校を中心としたプログラミング教育ポータル（https://miraino-manabi.jp/）のサイトも参考にしつつ，年間指導計画の中に適宜位置付けると良いでしょう。

　(2) の根拠は，情報活用能力の三つの力×三つの柱＝9，という意味です。つまり，各々の力の知識・技能で１単元，思考力，判断力，表現力等で１単元，学びに向かう力，人間性等で１単元，合計９単元取り入れましょう，と考えます。この９単元は，あくまでも最低単元数です。特

に，「情報活用の実践力」は，ICT の基本的な操作等，2 学年毎に 6 項目の評価基準表を設定してあります。つまり，1 学年 3 単元だけでは十分ではありません。大切なことは，**各学年の先生方が，「知識・技能は，この教科で必ず ICT を扱いましょう」という意識を高く持って取り組むこと**です。

（3）のバランスという意味を詳しく紹介します。研修先の先生方からは，「何学年には，どのようなプログラミング学習を行えばよいのでしょうか」という質問をよく聞きます。ある先生は，アンプラグド型学習は低学年，ビジュアル型プログラミング学習は中学年，という風に考えている先生もいます。低・中・高学年のどの段階においても，アンプラグド型学習・ビジュアル型プログラミング学習・フィジカルプログラミング学習を発達段階に即して位置付けることができるので，色々と悩んでしまうのは仕方がないことです。

そこで，私は，低・中・高学年のどの段階においてアンプラグド型・ビジュアル型・フィジカルを重点的に扱うとよいのか，という適切な割合（適合度）を以下に提案します。

表1　低・中・高学年毎における指導方法の適合度

指導方法 ＼ 学年	低学年	中学年	高学年
アンプラグド型学習	3	2	2
ビジュアル型プログラミング学習	4	5	3
フィジカルプログラミング学習	3	3	5

表の見方は，仮に学年部毎に 10 点満点の持ち点があるとした場合，低学年の場合，アンプラグド型：ビジュアル型：フィジカル＝3：4：3，という適合度となります。つまり，ビジュアル型プログラミングを最もお勧めしたいという意味です。中・高学年も同様です。

もし，全学年でビジュアル型プログラミング学習を一貫して年間指導計画に位置付けるのであれば，合計 12 点という計算になります。また，低学年ではアンプラグド型学習を行い，中学年ではビジュアル型，高学年ではフィジカルを実施する場合，13 点となり，ビジュアル型プログラミング学習を一貫して行うよりも適切な指導方法と考えることができます。

このようにして組合せを考えていくと，**アンプラグド型学習と，ビジュアル型プログラミング学習，フィジカルプログラミング学習の最も適した指導方法の組合せ（黄金比）は，低学年・ビジュアル型（4）：中学年・ビジュアル型（5）：高学年・フィジカル（5）**となります。本書では，先ほどお伝えした必須（1）〜（2）と，（3）の黄金比の組合せを重点的に取り入れた年間指導計画を基本モデルとして次ページに紹介します[33]。

主な特徴は，2・4 年生において，ビジュアル型を位置付け，6 年生ではフィジカルを位置付け，発達段階や系統性を考慮に入れたことです。また，他学年では，アンプラグド型の学習を各教科で位置付け，プログラミング的思考を継続的に育成していきます。特に，「B　情報の科学的な理解」の内容に関しては，**6 種類の思考・判断・表現を全学年に位置付け，プログラミング的思考を無駄なく育成すること**を図っている点がポイントです。また，学びに向かう力，人間性等の 4 観点も，色々な教科でバランス良く設定している点にも注目しましょう。

この表は，モデルプランの一つです。各市町村教育委員会や各小学校では，教育予算や動作環

境が異なります。適合度の表を参考にしながら指導方法の組み合わせを考えましょう。

なるほど。年間指導計画を作った後は，何をすればよいのかしら？

年間指導計画を基本モデルのように作成できたら，次の二つのステップに進みましょう。

ステップ1. 指導案中に育みたい資質・能力として情報活用能力を記載すること
ステップ2. 作成した指導案の実践と省察を繰り返し行い，実施時期を見直すこと

　ステップ1では，第1章「授業の展開」で紹介した**育みたい資質・能力（特に，手順やプログラミング的思考）を指導案中に記載し**，情報活用能力を育む指導案へとブラッシュアップさせましょう。

　ステップ2では，様々な教科でプログラミング学習を通じて，「算数で◇◇の内容を教えるには，国語で◎◎の内容を扱ってからの方が子供にとって学びの連続になる」というように，具体的な課題が分かった場合，単元間の実施時期や入れ替えを行いましょう。例えば，6年生担任の亜樹先生（仮名）は，「B　情報の科学的な理解」の知識・技能を育むために，1月に理科「電気と私たちのくらし」をフィジカルプログラミング学習で行い，2月に総合的な学習の時間「プログラミングってなんだろう」をビジュアル型グログラミング言語で行っていました（下表参照）。その後，理科と総合的な学習の時間に関する授業後の検討会では，知識・技能を効率的かつ，効果的に育むには，総合的な学習の時間で先に学習してから，理科の単元に入った方が適していることが分かり，それぞれの実施時期を見直しました。

目標：身近な生活の中にプログラミングが使われていることを理解し，座標・乱数に気付き，目的を満たすプログラムを作成・修正できる（知識・技能）。	
理科「電気と私たちのくらし」（1月→12月），micro: bit やフィジカル教材を用いて，危機を知らせる安全装置を開発する。	総合「プログラミングって何だろう」（2月→11月），Scratch を使って，下級生や家族等を楽しませる作品をつくる。

　年間指導計画表が完成したら，ステップ1，2を行うことで，**学校独自の年間指導計画へと発展させること**ができます。

まとめ（ここがポイント！）

・A分類及び，B分類の内容をカリキュラムの中核に位置付けた授業を実施しましょう。
・低・中・高学年の内，どちらか1学年だけでも，ビジュアル型プログラミング学習または，フィジカルプログラミング学習の授業を取り入れましょう。
・指導方法の最も適した組合せ（黄金比）は，低学年・ビジュアル型（4）：中学年・ビジュアル型（5）：高学年・フィジカル（5）です。

表2　必須（1）〜（3）の学習内容を取り入れた年間指導計画表（基本モデル）
※下線が引いてある項目は，A分類。二重線が，B分類。

	情報活用の実践力			情報の科学的な理解
	知識・技能	思考力，判断力，表現力等	学びに向かう力	知識・技能
1	国語「かたかなをかこう」：カタカナ入力を使って文字を打つ。	生活「あきとふれあおう」：秋に関することをデジタルカメラで撮影し，お話を作る。	生活「ふゆをみつけたよ」：冬についてデジタルカメラで撮影し，紹介し合う。	国語「かんじのはなし」：象形文字の成り立ちを理解し，筆順に気を付ける【順次】。
2	体育「いろいろなうごきづくり」：色々な動きを静止画像で撮影する。	生活「生きているってすごい！」：観察した様子を画像で保存し，編集を行う。	生活「町の人に伝えたい」：感じたことを表現する方法を考えて伝え合う。	・
3	社会「わたしのまちみんなのまち」：ファイルをつくり，自分のデータを整理する。	国語「はたらく犬について調べよう」：大切な言葉や文を見付けながら文章を読み，要約文を書く。	国語「慣用句を使おう」：タブレットで最適な写真を選ぶ。分かりやすく報告書にまとめ，発表し合う。	音楽「拍のながれにのってリズムをかんじとろう」(B-①)：反復や変化等の音楽の仕組みを生かして，まとまりのあるリズムをつくる【反復】【分岐】。
4	体育「体つくり運動」：ビデオカメラを用いて動きを撮影し，複数の動きを比較する。	社会「ゴミのしょりと利用」：自分でできるゴミ減量についての発表内容をまとめる。	社会「クルマのまちをきずく」：伝える相手を意識したツールを使って分かりやすく発表する。	
5	家庭「ひと針に心をこめて」：なみ縫い，返し縫い，かがり縫いの映像を拡大提示する。	社会「これからの食料生産とわたしたち」：資料を活用して，テレビ番組案にまとめることができる。	社会「自然災害を防ぐ」：情報を発信するときに，相手や状況を意識して適切な言葉や文章で伝える。	算数「円と正多角形」(A-①)：プログラミングを通した正多角形のかき方をもとに，発展的に考察したり，図形の性質を見いだしたりする【順次】【反復】【分岐】【記号にする】【振り返る】。
6	国語・総合「町の未来をえがこう」(B-④)：プレゼンテーションソフトやScratch等，伝えやすいツールで制作する。	算数「算数実験室」：調べたことをレポートにまとめることができる。	図工「ドリームプラン」：自分の願いを模型に表して，友達に分かりやすく伝える。	

※ビジュアル型プログラミング学習には★マーク。
フィジカルプログラミング学習には◆マーク。

情報の科学的な理解		情報社会に参画する態度		
思考力，判断力，表現力等	学びに向かう力	知識・技能	思考力，判断力，表現力等	学びに向かう力
図工「どんどん　ならべて」：楽しい形や色の組合せを考える【組み合わせる】。	音楽「いろいろなおとをたのしもう」：友達の表現を認める【多様性】。	学級活動「図書館の利用」：図書館の利用の仕方について理解する。	道徳「かたづけると……」：大人と一緒に使い，危険に近付かないことを考える。	体育「ボールなげゲーム」：トラブルがあった時，ルールや約束を確認し合う。
★国語「どうぶつのひみつをみんなでさぐろう」： ①　Viscuitの使い方を知る【順次】【反復】【分岐】。 ②　動く動物を作る。色々な動きを試す【動きに分ける】。 ③　作った動物をみんなで紹介し合う【多様性】。		生活「町にははっけんがいっぱい」：情報を正しく安全に利用することに努める。	道徳「よいこととわるいこと」：約束や決まりを守ることの意味を考える。	道徳「ものやおかねをたいせつに」：人の作ったものを大切にする心をもつ。
理科「植物をそだてよう」：観察したことを基に図表等に整理する【論理的に考えを進める】。	社会「かわってきた人々のくらし」：過去から現在に至る暮らしの調べ活動の中で，試行錯誤する態度を身に付ける【試行錯誤】。	道徳「自分のよさ」：個人の権利（プライバシーや人格権，肖像権等）を尊重する。	国語「インタビューをしてメモを取ろう」：文字だけで伝える難しさを踏まえ，相手に正しく伝わるように話す。	体育「保健」：身の回りの生活環境を振り返り，自分や友達の情報を大切にする。
★総合「みんなが楽しめるゲームを作ろう」（A-④）： ①　Scratchの使い方を学ぶ【順次】【反復】【分岐】。 ②　Scratchを用いて，友達が楽しめるゲームを計画・制作する【一連の活動をする】。 ③　制作したゲームを見せ合い，見直しを行う【挑戦】。		総合「メールのマナーについて」：電子メールのマナーやルールを理解する。	学級活動「夏休みに向けて」：個人情報は大切であることと，認証の重要性を理解し，正しい利用方法を考え，話し合う。	図工「大好きな物語」：物語の絵を描き，自他の情報を大切にしようとする。
	学級活動「運動会のめあて」：素晴らしい運動会の在り方を考え，個々のめあてを考える【多様性】。	体育「心の健康」：不安や悩みを軽くする方法と自他の個人情報を第三者に漏らさないことに気付く。	総合「チャットや掲示板の危険性」（A-③）：チャット・掲示板の危険性（ウィルスやネット詐欺等）や，適切な方法を考える。	社会「情報を生かすわたしたち」：情報活用のルールやマナーを守ろうと心掛ける。
◆理科「電気の性質とその利用」（A-②）： ①　フィジカルプログラミングの使い方を学ぶ【順次】【反復】【分岐】。 ②　プログラムを通じて，点滅させたり，調光させたりするプログラムを作成する【動きに分ける】【論理的に考えを進める】。 ③　生活を豊かにするアイデアや，危機を知らせる安全装置等を開発する【協働】。		道徳「自由と責任」：何がルール・マナーに反する行為かを知ると共に，今後心掛けることを理解する。	体育「病気の起こり方」：インフルエンザ等を例とし，他人や社会への影響を考えて行動することの大切さに気付き，適切な行動を考え，判断する。	道徳「自分を守る力」：情報には，自他の権利があることを知り，尊重しようとする。

Ⅳ　子供が進んで取り組む　年間指導計画のつくり方

振り返ってみよう（なるほど！）

　年間指導計画表は，色々な視点に基づいて楽しく考えます。その視点には，単教科型・重点教科型・全教科型があります。ここでは，単教科型を紹介します。例えば，1年生の生活科を中心とした年間指導計画を考えた場合，下表のように考えることができます。

表3　生活科「わたしのがっこうどんなところ」に着目したプログラミング教育

A　情報活用の実践力	B　情報の科学的な理解	C　情報社会に参画する態度
・デジタルカメラの使い方を理解する（知・技）。 ・一人一人が見付けた校内の気付きについてデジタルカメラで撮影し，グループで話し合ってまとめる（思・判・表）。 ・グループ内または，みんなの前で紹介し合う（学び）。	・バーコードリーダーを使って本を借りたり，返したりすることができることを理解する【順次】【反復】（知・技）。 ・他のグループの発表を聞き，次に探検したい場所を話し合う【振り返る】（思・判・表）。 ・友達の気付きを認める【多様性】（学び）。	・コンピュータを使う際のルールを知る（知・技）。 ・友達とぶつからないように周りを見ることや，順番を守ること等を確認する（思・判・表）。 ・決められた場所や時間等の約束を守る（学び）。

　生活科の事例のように，ある教科を中心に，A～Cの三つの資質・能力を含むカリキュラムをマネジメントしても良いです。どの教科を扱うにしても，「A　情報活用の実践力」は，ICTを学ぶ・ICTを使う・ICTを使って発表する（ICTで表現したものを使って発表する）場面を設定する，「B　情報の科学的な理解」は，プログラミング教材を位置付ける，「C　情報社会に参画する態度」は，情報モラルを学ぶ・考える・心構えを持つ場面をきちんと設定することです。

同一教科で行う特徴は，プログラミング的思考を継続的かつ，連続して育成することにより，情報活用能力を総合的かつ，確実に身に付けさせることができる点にあります。

§1　プログラミング学習に必要な視点

　本章では，これまでに紹介したプログラミング学習を含む年間指導計画の作り方を紹介します。ICT 環境や予算状況は，各市町村や各学校によって様々です。

　そこで，これだけは実施してほしい年間指導計画から，情報活用能力の育成を充実させる年間指導計画づくりまで，複数のプランを提供します。

　本章を通じて，「プログラミング学習は，各学年で何時間行えばよいのか」，「どの程度まで実施すればよいのか」等の疑問を解決します。プログラミング的思考を確実に育む授業づくりを学び，意図的・計画的に，そして，確実に進めていきましょう。

本項の PR

　プログラミング学習が主体的・対話的で深い学びの実現に向けた授業へと発展するためには，情報活用能力の三つの力をバランス良く育成することが最も大切です。本項では，そのために心掛けたい授業づくりの重要な視点を紹介します。

　これからの子供たちが，主体的・対話的で深い学びのあるプログラミング学習を進めるには，学習内容が知的好奇心を生み出すと共に，**学習内容を通して情報活用能力が身に付いていることを実感できるようにすること**が大切です。また，**友達と協力したり，認め合ったりする関わり合いを通して学ぶことができる指導方法や学習環境が整っていること**も必要です。

　ここで，あなたに Q です。

　このような充実感を味わうことができるプログラミング学習を進めるためには，以下のチェックリストを基に，チェックの数を増やす努力を心掛けましょう。

表1　チェックリスト

視点1	私は，身に付けさせたい情報活用能力を設定してから授業を進めています。
視点2	私は，情報活用能力を身に付けさせる教科（単元）を意図的・計画的に取り上げています。
視点3	私は，各教科の学習を充実させる指導方法を工夫しています。
視点4	私は，各教科の実践と省察を繰り返し，実施時期を見直しています。
視点5	私は，プログラミング的思考を引き出す働き掛けを取り入れています。

　全然できないわ。充実感を味わうことができるプログラミング学習を進めるためのコツを教えて。

視点1　身に付けさせたい情報活用能力を設定してから授業を進める

　第4章63〜64ページで紹介したように，本来は，情報活用能力を構成する三つの力全てを含む年間指導計画表を作成・実施することをお勧めします。または，宮城県教育センターのように，「B　情報の科学的な理解」に着目した学習活動を提案する方法もあります。同センターでは，プログラミング教育で目指す資質・能力を計七つの力で整理しています（表1）[34]。

表1　育成すべき資質・能力

A1：身近な生活でコンピュータが活用されていることに気付くこと。
A2：プログラミングの体験等を通して，問題解決には必要な手順があることに気付くこと。
B1：課題解決過程で，細かく順序立てたり必要な情報を組み合わせたりすること（順次）。
B2：課題解決の過程で，同じことを繰り返している部分に気付き，効率的に表すこと（反復）。
B3：課題解決の過程で，条件に応じて異なる手順を考えること（分岐）。
C1：コンピュータの働きを，身近な生活がよりよくなるように生かそうとすること。
C2：コンピュータの働きを，よりよい社会づくりに生かそうとすること。

　A1〜2とB1〜3は，第3章49ページと照らし合わせると，情報の科学的な理解の知識・技能に相当します。C1〜2は，情報の科学的な理解の学びに向かう力，人間性等に相当します。

　各市町村教育委員会においては，教育事情に応じて，**身に付けさせたい情報活用能力の優先順位を決めつつ，実際の授業を計画すること**が大切な視点になります。

視点2　情報活用能力を身に付けさせる教科（単元）を意図的・計画的に取り上げる

　視点2は，第4章66ページでお伝えした年間指導計画を作成する際の視点（単教科型・重点教科型・全教科型）です。ここでは，重点教科型をお伝えします。重点教科型とは，情報活用能力を育成する教科を2〜3教科に集中させる年間指導計画になります。例えば，算数科と国語科，総合的な学習の時間，特別の教科 道徳の4教科を中心とした年間指導計画を考えた場合，表2のようになります[33]。

　表2より，各力の三つの柱（知識・技能，思考力，判断力，表現力等，学びに向かう力，人間性等）の育成に着目すると，最低3単元の設定が必要だと分かります。特に，情報社会に参画する態度は，道徳の授業に重きを置きます。なぜなら，主に情報モラルの必要性や情報に対する責任等の内容が中心になるからです。

　次に，全教科型の視点をお伝えします。

　表3は，私が研究指定校で関わっている愛知県内B小学校を対象とし，プログラミング教育の年間指導計画表を作成した資料です[33]。本資料は，第4章と合わせて読むことで，各市町村のプログラミング教育の年間指導計画づくりに生かしてください。

V　プログラミング学習をカリキュラム・マネジメントする視点

表2　1〜6学年における年間指導計画表

学年	情報活用の実践力	情報の科学的な理解	情報社会に参画する態度
1	○国語「あめですよ」(知・技) 自分の発表の声をレコーダーで録音し、声の大きさを考えて音読する。 ○国語「わたしのはっけん」(思・判・表) 発見したことを複数取り出し、比べながら文章を書く。 ○国語「ほんのひろば」(学び) 図書館で読みたい本を選び、簡単に紹介する。	○算数「たしざん (2)」(知・技) 細かく分けて順序立てて考える【順次】【分岐】。 ○国語「おもい出してかこう」(思・判・表) 経験した出来事や文章の書き出しを思い出して、時間的な順序に沿って文章を書く【一連の活動にする】。 ○算数「大きさくらべ (2)」(学び) 色々な大きさの数を比べながら、多様な考えを見付ける【試行錯誤】。	○道徳「すこしだからいいの？」(知・技) 生活の中でのルールやマナーを知る。 ○道徳「かたづけると……」(思・判・表) 大人と一緒に使い、危険に近付かない。 ○道徳「きちんとただしい せいかつ」(学び) 約束や決まりを守る。
2	○国語「かたかなで書くことば」(知・技) カタカナ入力を使って、単語を打つことを理解する。 ○国語「名人をしょうかいしよう」(思・判・表) 紹介する名人について、アイデアを出し合い、具体的に話し合う。 ○国語「どうぶつのひみつをみんなでさぐろう」(学び) ICT機器を使い、本や絵を友達に紹介する。	○国語「ことばで絵をつたえよう」(知・技) 絵の描き方について、聞き手に分かるように順序立てをする【順次】【反復】。 ○算数「1000までの数」(思・判・表) 買えるか買えないか、に関する問題について、今まで学習した方法を用いて解決方法を考える【一連の活動にする】。 ○道徳「しっかりと やりぬく心」(学び) 何事も挑戦することの価値や良さを考える【挑戦】。	○道徳「わたしの 学校」(知・技) みんなと楽しい学校生活を過ごすために、友達や先生と情報機器の使用ルールを決めて使うことを理解する。 ○道徳「あんぜんに くらす ために」(思・判・表) 危険な場所に近付かない。 ○道徳「ものや おかねを たいせつに」(学び) 人の作ったものを大切にする心をもつ。

3	○国語「ローマ字」（知・技） キーボード操作を通して、アルファベットの配列を理解する。 ○国語「調べて書こう、わたしのレポート」（思・判・表） 知りたいことに応じた調べ方を考えて、分かったことを整理してレポートを書く。 ○国語「ゆうすげ村の小さな旅館」（学び） 物語の通読を通して、物語のしかけを分かりやすく伝えるツールを用いて伝える。 ○国語「漢字の組み立てと意味を考えよう」（知・技） 漢字の構成を細かく分けて、書き方の順番を理解する【順次】【反復】。 ○算数「2けたをかけるかけ算の筆算」（思・判・表） 筆算をフローチャートで表し、アルゴリズムを理解する【記号にする】【一連の活動にする】。 ○国語「案内の手紙を書こう」（学び） Scratchを用いて、構成を意識した説明を発信しようとする【挑戦】。 ○道徳「自分のよさ」（知・技） 個人の権利（プライバシーや人格権、肖像権等）を尊重する。 ○国語「インタビューをしてメモを取ろう」（思・判・表） 文字だけで伝えることの難しさを踏まえって、相手に正しく伝わるように話す。 ○道徳「よく考えて」（学び） 雰囲気に流されることなく、節度ある生活をしようとしている。
4	○国語「新聞をつくろう」（知・技） 写真や図を選ぶときの注意について理解する。 ○国語「だれもがかかわり合えるように」（思・判・表） かかわり合うための工夫について情報を収集し、伝えるように話す。 ○算数「わくわく算数学習」（学び） 自分の考えを伝えるとき、いろいろな言葉を使って説明すると、分かりやすく伝えることを理解することができる。 ○算数「垂直・平行と四角形」（知・技） Scratchを用いて、それぞれの性質・特徴を理解する【反復】【分岐】。 ○総合「みんなが楽しめるゲームを作ろう」（思・判・表） Scratchを用いて、友達が楽しめるゲームを計画・制作する【一連の活動をする】。 ○国語「わたしたちの生活とロボットについて考えよう」（学び） 「ゆめのロボット」について考える学習課題 A-④* を確かめ、協働して学習を進める【協働】。 ○道徳「わたしたちの学級や学校」（知・技） 情報には正しい情報や誤った情報があることに気付く。 ○総合「メッセージの送受信にチャレンジしよう」（思・判・表） Scratchの「メッセージを送る」「メッセージを受け取る」のブロックを用いて、「はい」か「いいえ」で答える会話プログラムづくりを通して、マナーやエチケットを考える。 ○国語「お願いやお礼の手紙を書こう」（学び） 必要な事柄を落とさずに、目的に合わせて依頼状や礼状、メール等の内容を考える。

5	○国語「わたしの文書見本帳をつくろう」(知・技) 自分の成長を振り返りながら「文章見本帳」を作る活動と共に、適切な外部機関のHPにある資料を活用する。 ○国語「きいてきてみよう」(思・判・表) インタビューした資料を整理し、文章に書く。 ○総合「学校周辺の歴史・文化を発見しよう」(学び) 意見交換の際、聞き手の意図を踏まえて、効果的な発表資料を準備し、適切に応答する。B-④	○算数「円と正多角形」(第1章参照)(知・技)(思・判・表) プログラミングを通した正多角形のかき方をもとに、発展的に考察したり、図形の性質を見出したりする【順次】【反復】【分岐】。A-① ○国語「きいてきてみよう」(思・判・表) Scratchを用いて、正多角形の特性や描き方を理解する【記号にする】。A-① ○総合「偉人」(学び) すごろくを題材に偉人のエピソードを分かりやすくまとめるようとする【多様性】。	○道徳「自信と責任」(知・技) 何がルール・マナーに反する行為かを知る。 ○道徳「ぶざんがたいせつ」(思・判・表) 予測される危険の内容が分かり、回避方法への考えを深める。 ○道徳「限りある命」(学び) 人の安全を脅かす行為をしない気持ちを持ち、制御する態度や心構えを持つ。
6	○国語・総合「町の未来をえがこう」(知・技) 調べて考えたことについて、プレゼンテーションソフトやScratch等、伝えやすいツールで制作する。B-④ ○算数「わくわく算数」(思・判・表) 面積の求め方を仲間と協力して考え、結果に基づき新たな方法を見付けることができる。 ○国語「未来がよりよくあるために」(学び) どんな未来にしたいか分かりやすく発表しようとする。	○総合「プログラミングって何だろう？」(知・技) Scratchを使って、下級生や家族などど楽しませる作品をつくる【順次】【反復】【分岐】。 ○総合「事故参照」(第1章参照)(思・判・表)(学び) 様々な車の特徴を整理しつつ、起こりうる事故を整理する【論理的に考えを進める】。A-⑤ これからの時代に必要な未来の車を試行錯誤して考える【試行錯誤】。A-⑤	○国語「複数の情報を活用する」(知・技) 本や資料等から情報を集める活動を通して、情報破壊や流出を守る方法を知る。 ○道徳「ほんとうの友達」(思・判・表) メールの配信やアンケート回答ページ、不正使用や不正アクセスされないための利用の仕方を考える。 ○道徳「自分を守る力」(学び) 情報には、自他の権利があることを知り、尊重しようとする。

＊）表中のA-①、B-④などの記号は、小学校プログラミング教育の手引(第三版)に記載されている番号を意味する。

表3　B小学校における全教科型の視点を取り入れた年間指導計画画表（低学年）

学年		4月	5月	6月	7月	9月	10月	11月	12月	1月	2月	3月
1年生	情報活用の実践力					○お絵描きや文字入力（お絵かきソフト）国語科「かたかなをかこう」					○お絵描きや文字入力（お絵かきソフト）算数科「かたちづくり」	
	情報の科学的な理解								①スクラッチ（基本的な操作）	②スクラッチ（基本的な操作）		
	情報社会に参画する態度			○約束や決まりを守る（情報社会への倫理）道徳「きそくただしいせいかつ」	○大人と一緒に使い、危険に近づかない（安全への知恵）道徳「かたづけると……」			○不適切な情報に出合わない環境で利用する（安全への知恵）道徳「だめなことは だめだよ」				

72

学年		4月	5月	6月	7月	9月	10月	11月	12月	1月	2月	3月
	情報活用の実践力		○写真撮影（デジタルカメラ）生活科「春の町ではっけん」	○画像の簡単な編集ソフト（お絵かき）生活科「生きているってすごい！」	○デジタル教材による学習の振り返り（教材データベース、NHK for school）国語科「漢字の学習」	●写真撮影（デジタルカメラ）生活科「町にははっけんがいっぱい」		○ICT機器を使った本や絵の紹介（書画カメラ）国語科「どうぶつのひみつをみんなでさぐろう」				
2年生	情報の科学的な理解					①スクラッチ（順次処理）	②スクラッチ（順次処理）					
	情報社会に参画する態度	○人の作ったものを大切にする心をもつ（情報社会への倫理）道徳「ものやおかねをたいせつに」				●情報を正しく安全に利用することに努める（安全への知恵）生活科「町にははっけんがいっぱい」			○安全や健康を害するような行動を抑制できる（安全への知恵）道徳「あんずにくらすために」			

※●は、情報活用の実践力と、情報社会に参画する態度の両方に関連している教科を示す。

表3　B小学校における全教科型の視点を取り入れた年間指導計画表（中学年）

学年		4月	5月	6月	7月	9月	10月	11月	12月	1月	2月	3月
	情報活用の実践力	●ICT機器を使った資料提示（書画カメラ）社会科「わたしのまち みんなのまち」			○キーボード操作によるローマ字入力（ワード，キーボード操作）国語科「ローマ字」			○簡単な情報収集（基礎）(Google, Yahoo, NHK for school) 社会科「わたしたちのくらしと商店」		○集めた情報から必要なものを見付ける活動(Google, Yahoo, NHK for school) 社会科「かわってきた人々のくらし」		
3年生	情報の科学的な理解				①スクラッチ（繰り返し処理，条件分岐）学級活動	②スクラッチ（繰り返し処理，条件分岐）学級活動						
	情報社会に参画する態度	●危険に出会ったときは、大人に意見を求め、適切に対応する（安全への知恵）社会科「わたしのまち みんなのまち」		○相手への影響を考えて行動する（情報社会への倫理）国語科「調べて書こう，わたしのレポート」			○情報の発信や情報をやりとりする場合のルール・マナーを知り、守り、(法の理解と遵守) 国語科「案内の手紙を書こう」				○不適切な情報に出合ったときは、大人に意見を求め、適切に対応する（安全への知恵）道徳「よく考えて行動する」	

※●は、情報活用の実践力と、情報社会に参画する態度の両方に関連している教科を示す。

学年		4月	5月	6月	7月	9月	10月	11月	12月	1月	2月	3月
4年生	情報活用の実践力	○動画撮影（デジタルカメラ、デジタルビデオカメラ）理科「季節と生き物（春）」	○文章の編集と画像の挿入（ワード）国語科「新聞をつくろう」			○学習したことや、まとめたことの発表（パワーポイント）社会科「ゴミのしょりと利用」		○調べた情報と聞いた情報の比較（ワード、Google、Yahoo!）国語科「くらしの中にある「和」と「洋」を調べよう」	○動画撮影（デジタルカメラ、デジタルビデオカメラ）社会科「わたしたちのまち みんなのまち」			
	情報の科学的な理解			①スクラッチ（繰り返し処理、条件分岐）学級活動			②スクラッチ（繰り返し処理、条件分岐）学級活動					
	情報社会に参画する態度		○個人の情報は他人にもらさない（安全への知恵）社会科「火事からくらしを守る」		○何がルール・マナーに反する行為かを知り、絶対に行わない（法の理解と遵守）道徳「みんなが気持ちよく」		○自分の情報や他人の情報を大切にする（情報社会への倫理）国語科「クラスで話し合う」		○情報には誤ったものもあることに気付く（安全への知恵）社会科「わたしたちのまち みんなのまち」	○協力し合ってネットワークを使う（公共的なネットワーク社会の構築）道徳「ぼうしの気持ち」		

表3 B小学校における全教科型の視点を取り入れた年間指導計画表（高学年）

学年		4月	5月	6月	7月	9月	10月	11月	12月	1月	2月	3月
5年生	情報活用の実践力		○情報の効率的な収集（応用）(Google、Yahoo) 社会科「低い土地のくらし／高い土地のくらし」				○画像の切り抜きやサイズの変更（画像加工ソフト）図工科「まだ見ぬ世界」		●情報の比較と正しい判断(ワード、Google、Yahoo) 社会科「情報化した社会とわたしたちの生活」	○画像の切り抜きやサイズの変更（画像加工ソフト）国語科「伝えよう、委員会活動」		○まとめたことをリーフレットなどで発信する（ワード）算数科（算数の関係の調べ方）「よみ取る算数」
	情報の科学的な理解				①センサ等を活用したプログラミング、学級活動	②センサ等を活用したプログラミング、学級活動						
	情報社会に参画する態度	○「ルールやきまりを守ること」との社会的意味を知り、尊重する（法の理解と遵守）道徳「たいせつなきまり」		○不正使用や不正アクセスされないように利用できる（情報セキュリティ）道徳「働く喜び」	○不適切な情報であるものを認識し、対応できる（安全への知恵）道徳「たいせつなきまり」	○予測される危険の内容が分かり、避ける（安全への知恵）道徳「ふだんがたいせつ」		○情報社会の一員として、公共的な意識を持つ（公共的なネットワーク社会の構築）道徳「働くということ」	●他人や社会への影響を考えて行動する（情報社会への倫理）社会科「情報化した社会とわたしたちの生活」			

の心要

学年		4月	5月	6月	7月	9月	10月	11月	12月	1月	2月	3月
6年生	情報活用の実践力		○適切な情報を集め、学習や活動計画の表作成（エクセル）特別活動「委員会活動」			●数種類の客観的な情報に基づく考察（パワーポイント、ワード、Google、Yahoo）国語科「資料を生かして呼びかけよう」	○ICT機器を使った本や絵の紹介（書画カメラ）国語科「物語を作ろう」			○表やグラフへ分かりやすくまとめる（エクセル）算数科「資料の調べ方」	●表やグラフってまとめた内容をプレゼンテーションで発表する（エクセル、パワーポイント）社会科「わたしたちの生活と政治」	
	情報の科学的な理解			①センサ等を活用したプログラミング		②センサ等を活用したプログラミング						
	情報社会に参画する態度	○自他の個人情報を、第三者にも漏らさない。自他の健康や安全を守る（安全への知恵）家庭科「私の仕事と生活時間」			○契約行為の意味を知り、勝手な判断で行わない（法の理解と遵守）道徳「きまり」	●情報にも、自他の権利があることを知り、尊重する（情報社会への倫理）国語科「資料を生かして呼びかけよう」		○情報の正確さを判断する方法を知る（安全への知恵）社会科「世界の中の日本」	○情報社会の一員として、公共的な意識を持つ（公共的なネットワーク社会の構築）家庭科「あなたは家庭や地域の宝物」		●情報の破壊や流出を防ぐ方法を知る（情報セキュリティ）社会科「わたしたちの生活と政治」	

※●は、情報活用の実践力と、情報社会に参画する態度の両方に関連している教科を示す。

視点3　各教科の学習を充実させる指導方法を工夫する

　視点3で整理する指導方法は，主に三つあります。その三つとは，「①ビジュアル型または，フィジカル電子データを使用する方法（操作は教員）」，「②ビジュアル型または，フィジカル電子データを使用する方法（操作は子供）」，「③アンプラグド型」です。

　例えば，第5学年算数科「図形の角を調べよう」の単元において，情報活用能力の内，「B情報の科学的な理解」を育むことを考えたと仮定します。

　指導方法①または，②を考える場合，第1章で紹介したScratchを用いて指導する方法が考えられます。三角形を描かせることに重点を置くならば，指導方法②（操作は子供）を取り入れることになります。教師が中心になって紹介する程度であれば，指導方法①（操作は教員）となります。指導方法①では，身近な生活の中にプログラミングが使われていることへの理解（知識・技能）を育むことにつながります。指導方法②では，Scratchの使用を通じて，改善点を見付け，最後まで修正しようとする態度を育むことも可能になります。

　指導方法③の場合，例えば，次のような問題を提示します。

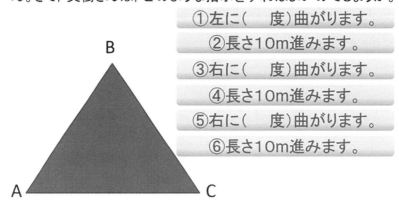

亜樹さんは，グラウンドで白い線を引く準備をしています。今，亜樹さんは，C地点の方を向いて，A地点の上に立っています。校舎2階にいる美樹さんは，A地点にいる亜樹さんに対し，A（始点）→B→C→A（終点）の順に白い線を引かせ，正三角形を作らせなければいけません。さて，美樹さんは，どのような指示をすればよいのでしょうか。

①左に（　　度）曲がります。
②長さ10m進みます。
③右に（　　度）曲がります。
④長さ10m進みます。
⑤右に（　　度）曲がります。
⑥長さ10m進みます。

　この問題では，①左に60度曲がり，②長さ10m進みます。次に，③右に120度曲がり，④長さ10m進みます。最後に，⑤右に120度曲がり，⑥長さ10m進むと，正三角形を描くことが出来ます。このような問題を提示すると，子供たちは自ら角度を調べ，外角の考え方に気付くと共に，進んで説明したり，討論し合ったりする学習が展開されます。

　子供たちは，プログラミング的思考の内，**問題点や課題を見出し，より良いアイデア（方法や手順等）を見付けようと考える思考（振り返る思考）**を身に付けます。

　同じ単元であっても，授業者のねらいや教育環境に応じて取り入れる指導方法と，育む情報活用能力が変わります。どのような指導方法を取り入れるにしても，各教科・領域の知識や技能を単純に記憶させる学習からエピソード記憶が含まれる学習へと変換させるようにしましょう。

視点4　各教科の実践と省察を繰り返し，実施時期を見直す

　視点4は，情報活用能力を育成する年間指導計画を作成し，どのようにマネジメントをするのか，という視点になります。例えば，宮城県教育センターの資料（表1）を基に，情報活用能力を育成する年間指導計画を作成した事例を紹介します[35]。

表4　B1〜3の育成に関する年間指導計画表（一部）
（下線は，学習指導要領に例示されている単元）

学年	実施時期（カッコ内は見直す前）	単元名	指導方法	◎：十分に育成できる，○：育成できる		
				B1	B2	B3
1	7月	図画工作「あつめたはこから」*1	①		◎	○
	10月	算数「たしざん」	③	○	◎	
	2月	学級活動「6年生にお礼をしよう」*2	②	◎		○
2	5月	国語「ことばで絵をつたえよう」	③	◎	○	
	10月	国語「絵を見てお話をつくろう」*1	①	○		◎
	11月	生活「町には　はっけんが　いっぱい」*2	②	◎		○
3	7月	算数「かけ算の筆算」	③	○	○	◎
	9月	国語「漢字の組み立てと意味を考えよう」*3	①	◎	○	
	9月（10月）	理科「実ができるころ」	③	◎		
4	7月	算数「いろいろな四角形」*3	②		○	◎
	9月（11月）	体育「リズムダンス」	③	○	◎	
	10月	図画工作「物語の世界」*3	②		○	◎
5	9月	学級活動「命を守るためにできること」	③	◎		
	12月	社会「情報を生かすわたしたち」*4	①		◎	○
	1月（2月）	算数「多角形と円をくわしく調べよう」*3	②	○	◎	
6	7月	音楽「リズムをつくってアンサンブル」	②	○	◎	
	11月	社会「長く続いた戦争と人々のくらし」	③	○		◎
	12月（1月）	理科「電気と私たちのくらし」*5	②		○	◎

＊1：例えば，Zu3D（https://zu3d.com/hobby/zu3d-ipad-app/）を活用します。
＊2：例えば，Viscuit（https://www.viscuit.com/）を活用します。
＊3：例えば，Scratch（https://scratch.mit.edu/）を用います。
＊4：例えば，東京学芸大こども未来研究所「プログラミング未来（http://stem.codomode.org/#modal-concept03）」を活用します。
＊5：例えば，フィジカル教材用電子データを用います。

最初は，職員会議等を通じて，表1の中から1～2つの資質・能力を設定します。ここでは，B1～B3の三つの力を育成すべき資質・能力として着目しました。

次に，各学年がB1～B3を高める単元として，第1学年図画工作科「あつめたはこから」，第6学年社会科「長く続いた戦争と人々のくらし」等を考え，各教科での実践を行います。

6学年担任の美樹先生（仮名）は，11月に実施した社会科「長く続いた戦争と人々のくらし」の実践を通して，「B3：課題解決の過程で，条件に応じて異なる手順を考えること（分岐）」を一層高めるためには，1月に実施していた理科「電気と私たちのくらし」を同時期に実施することが効果的だ，という考えに至りました。

そこで，理科の同単元は，次年度12月に行うことへ変更しました。また，他学年においても表4中の実施時期のカッコ内のように，各単元の実施時期の見直しを検討しました。

各単元の実施時期を検討し，関連する単元を同時期に行ったり，その単元に必要な知識・技能を別の単元で先に身に付けさせることに着目した単元間を入れ替えることは，学習者の学びが効率的かつ，効果的に行われる大事な視点です。

視点5　プログラミング的思考を引き出す働き掛けを取り入れる

プログラミング的思考は，主に，情報の科学的な理解の思考力，判断力，表現力等に示した6種類に相当します。視点5を満たすポイントは，4点あります。

一つ目は，**6種類あるプログラミング的思考を引き出す有効な働き掛け（以下，魔法の言葉）を使うこと**です。つまり，それぞれの思考を子供に身に付けさせたり，子供が本来持っている思考を引き出したりするには，授業者の意図的・計画的な働き掛けが必要になります。

授業者が発する魔法の言葉を効果的に使うためには，初めに，思考の方法の種類を整理しつつ，プログラミング的思考との関係を理解することが大切です。

私が，新潟大学教育学部附属新潟小学校（以下，附属新潟小）で勤務していた平成22年度，「創造的思考力を高める授業（1年次）」を研究主題とした教育実践研究を行っていました[36～37]。その時，附属新潟小では，思考の方法を17種類に分け，子供が用いる思考の言葉とのセットで提案しました。今回は，思考の方法（表5）を次ページに紹介すると共に，プログラミング的思考との関係を整理しました。

これらの関係性は，様々な教科で子供が自分の考えたことを伝える話型として活用したり，子供に文章を書かせる時の文型例とした利用したりすることが可能になります。

表5　思考の方法（思考の言葉）とプログラミング的思考との関係

プログラミング的思考	思考の方法（16種類）	子供が用いる思考の言葉
論理的に考えを進める思考	○推量する	・「〜は，○○になっている。だから，〜は△△なのではないか」
	○帰納的に見る	・「A，B，Cから，〜のきまりが言える」
	○加減する	・「〜の時は，何を使ったらよいかな」 ・「もし〜がなかったとしたら，どうなるだろうか」
動きに分ける思考	○視点（立場），あるいは観点を変える	・「もし〜の観点（視点・角度・理論・立場など）から見たら，どうなるだろうか」
	○焦点化する	・「まず，できるだけたくさん可能なものを挙げて，その中から，一番よいものを選んでみよう」
	○再分類・再編成する①	・「他の基準で分類したらどうなるだろうか」
記号にする思考	○共通の基準で見る	・「〜にあてはめると〜になる」
	○逆発想する	・「もし〜でなく，その逆（反対）であったら，どうなるだろうか」
	○演繹的に見る	・「〜のきまりから，Dが説明できる」
一連の活動にする思考	○比較する	・「○○と△△とを比較して，その違いから〜であることが分かる」
	○関係付ける	・「○○と△△がどのように関係しているのか」 ・「〜の原因として，どんなことが考えられるだろうか」
	○類推する	・「〜で，うまくいったので，〜でも，うまくいくであろう」
組み合わせる思考	○拡張する①	・「では，〜の場合はどうなるだろうか」
	○再分類・再編成する②	・「〜を構成する要因（原因）や項目は何であるか，もう一度見直してみよう」
	○変換する	・「大きさ（長さ・重さ・体積・傾きなど）が変わったら，どうなるだろうか」
振り返る思考	○拡張する②	・「他にもっとよいやり方はないかな」
	○具象化する	・「図をかいて考えてみてはどうかな」
	○連想する	・「〜と似たものに，どんなものがあるだろうか」

※「仮定する（もし〜ならば，〜となる）」は，分岐処理の考えに最も近いので，ここでは省略した。
　次に，表5で紹介した子供が用いる思考の言葉を引き出すための魔法の言葉と，実際の授業場面での働き掛けの例を次ページ（表6）に紹介します。

表6　プログラミング的思考を引き出すことができる魔法の言葉と，実際の授業場面の働き掛け

プログラミング的思考の種類	1.　魔法の言葉（指示・説明・発問），2.　実際の授業場面
論理的に考えを進める思考	1.「〜から言えることは何かを予想してみよう」「〜を説明できますか」 2. 6年生理科「水溶液の性質」において，「アルミニウムを蒸発させたら白い粉が出てきたね。これはいったい何かを予想してみよう」と問う。子供は，前時までの知識や技能を生かして白い粉を予想する。
動きに分ける思考	1.「なぜ，〜なのでしょうか」「〜を見付けてください」 2. 1年生体育科「ひょうげんあそび」において，「ペアで考えたお話に合う踊りを見付けてください」と問う。子供は，お話を場面毎に分けて考える。
記号にする思考	1.「〜の特徴を持つ人物は，誰でしょうか」「グループ分けできますか」「〜を発見しよう」 2. 3年生国語科「漢字の組み立てと意味を考えよう」において，「10個の漢字を仲間分けすることはできますか」と問う。子供は，漢字の構成を細かく分け，部首と他の部分で構成されていることを考える。
一連の活動にする思考	1.「この問題は，この前取り組んだ問題と似ていますが，解決できそうですか」「この問題は，いつ取り組んだのかを覚えていますか」「この問題を解くためには，先週学んだことを思い出してください」 2. 2年生音楽科「はくのまとまりをかんじとろう」において，「今日の曲は，この前聴いた曲と似ていますが，体を動かして表すことはできそうですか」と問う。子供は，前回の曲で，拍のまとまりや拍子の違いを感じ取って体を動かしたことを思い出し，表現する。
組み合わせる思考	1.「どのようにしたら，もっと〜になるでしょうか」「工夫して表してみよう」 2. 5年生算数科「合同な図形」において，「どのようにしたら，この三角形と同じ三角形を簡単に描くことができるでしょうか」と問う。子供は，友達と協力して簡単に描く方法を考える。
振り返る思考	1.「今日一番大事な点は，黒板のどこでしょうか」「グループで協力（交流）して，〜を探しましょう」 2. 4年生道徳科「国やきょうどを愛する」において，「自分にとって一番大切な考えは，黒板のどこにありますか」と問う。子供は，家族や地域の伝統や文化，特色を整理して考える。

　表6に示した特徴的な表現や用語を用いた働き掛けに変えることで，**子供が自分たちの頭で必死になって考え，自分たちで答えを導き出す，すなわち，主体的・対話的で深い学びの授業づくりを実現できる**ようになります。

　二つ目は，**膨大な情報から必要な情報を整理する場面を位置付けること**です。例えば，次のような授業（3年学級活動）です。

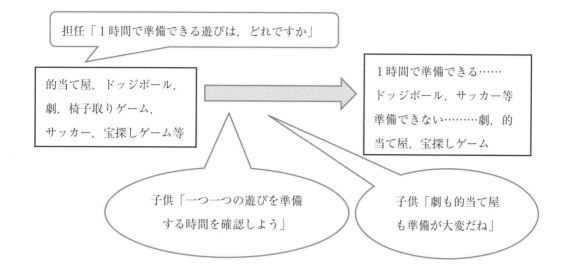

　この場合，子供たちから出たアイデアを黒板に次々に書き，膨大な情報場面を作り出しました。このままでは，一つの遊びを決めることはできません。そこで，「1時間で準備できる遊びは，どれですか」と問います。子供たちは，「一つ一つの遊びを準備する時間を確認しよう」と考えます。この考えは，大きな事象から細かい事象に分ける思考（動きに分ける思考）に相当します。

　そして，「劇も的当て屋も準備が大変だから，1時間で準備できないね」と考えます。これは，類似している事象同士を分類する思考（記号にする思考）です。

　このように，**算数や国語等，他の問題提示の場面においても，膨大な情報を与える場面**を作り出します。その上で，「この問題を解くためには，どんな情報が不足していますか，または，どんな情報が最も大切ですか」と問えば，動きに分ける思考や記号にする思考を引き出すことが出来ます。

　三つ目は，**必要な情報を図表等に表し，比較・検討する場面を位置付けること**です。例えば，次のような授業（5年算数科）です[38]。

　ここでは，問題場面を2種類（表Aと表B）で表示し，どちらの表が考えやすいのかを問いました。子供たちは，表Aのように，項目毎に示されている表の良さに気付きました。

　具体的には，見た目や必要な情報のみを表に整理することの良さに気付きました。そして，「1gあたりの値段を求めてみると分かるかもしれない」という予想を立てました。この考えは，必要な関連性を見付け，筋道を立てて考える思考（論理的に考えを進める思考）を使っています。

　そして，子供たちは，表Aで見付けた見た目や分かりやすさを基に，計算結果を表Cとして整理しました。この考え方は，見出した関係性が，他の場合でも活用できる思考（一連の活動にする思考）を用いています。

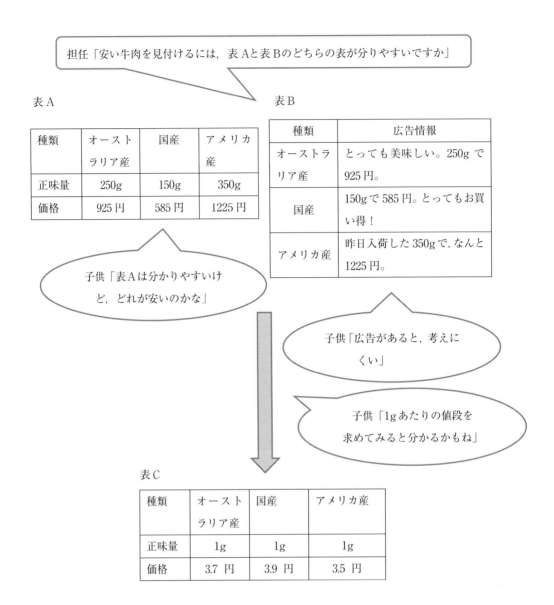

担任「安い牛肉を見付けるには，表Aと表Bのどちらの表が分りやすいですか」

表A

種類	オーストラリア産	国産	アメリカ産
正味量	250g	150g	350g
価格	925 円	585 円	1225 円

表B

種類	広告情報
オーストラリア産	とっても美味しい。250g で 925 円。
国産	150g で 585 円。とってもお買い得！
アメリカ産	昨日入荷した 350g で，なんと 1225 円。

子供「表Aは分かりやすいけど，どれが安いのかな」

子供「広告があると，考えにくい」

子供「1gあたりの値段を求めてみると分かるかもね」

表C

種類	オーストラリア産	国産	アメリカ産
正味量	1g	1g	1g
価格	3.7 円	3.9 円	3.5 円

　今回は，授業者が2種類の表を提示してから話し合わせました。別のパターンとしては，子供たちに，問題文を提示し，表Aや表Bのように，子供たちに表に整理させることから考えさせます。そして，各自が考えた表を比較・検討させることから話し合いを始めても良いでしょう。

　他教科においても，図表を比較させながら，「もっと分かりやすく，見た目もすっきりとするにはどうしたらよいでしょうか」と問います。子供は，論理的に考えを進める思考，つまり，自分が立てた考えの中から良い点や原因を見付け，予想を立て始めます。

　このような子供は，別の学習内容の場面においても，分かりやすい図表の表し方を思い出し，ホワイトボードやノートに整理する考え（一連の活動にする思考）を発揮して学習に取り組みます。

　四つ目は，**解決の糸口を効率良く見付けるために，情報手段を用いた方が良いことに気付く場面を設定する**ことです。例えば，次のような授業（2年体育科）です。

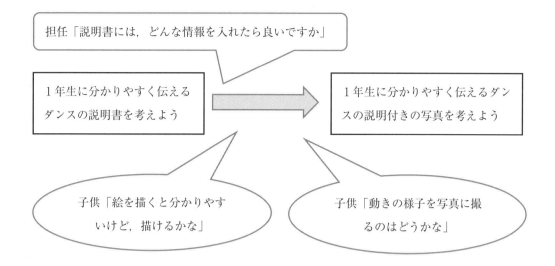

担任「説明書には，どんな情報を入れたら良いですか」

1年生に分かりやすく伝える
ダンスの説明書を考えよう

1年生に分かりやすく伝えるダン
スの説明付きの写真を考えよう

子供「絵を描くと分かりやす
いけど，描けるかな」

子供「動きの様子を写真に撮
るのはどうかな」

　この授業では，1年生に分かりやすく伝えるダンスの説明書を考えよう，という問題を提示しました。子供たちは，説明書づくりに向けて，色々な方法を考え始めました。この時の子供たちは，色々な方法を考える思考（組み合わせる思考）を働かせています。そして，お互いのアイデアを出し合うことで，デジタルスチルカメラを使って動きの様子を写真に撮りたい，という考えに変わります。この考えは，アイデアの出来栄えを考える思考（振り返る思考）です。子供たちは，説明付きの写真を考えよう，という学習課題に向かって主体的・対話的で深い学びを進めていきます。

　このように，**どの教科においても，色々方法や手順を考えさせたり，お互いのアイデアを検討したりする場面**を設定します。また，**子供たちの方から「コンピュータ室に行って調べたい」「デジタルスチルカメラを使いたい」等と，情報手段を用いた方が効果的だと考えに変わる問題**を提示します。

§2　プログラミング学習先進校
→成功のプログラムとは

　プログラミング学習の先進的な取り組みの一つとして，愛知県高浜市の事例を紹介します。高浜市教育委員会（岩間基訓指導主事）では，2018年度より，愛知教育大学（松永豊・齋藤ひとみ・梅田恭子・磯部征尊研究室）が連携し，2020年度必須化に向けての教育実施計画と教育実践研究を進めてきました。以下，その手順を説明します。

手順1．担当者の決定
　プログラミング学習を進めていくには，教育委員会の中で担当者を決定することから始めます。
　高浜市では，プログラミング学習の推進委員会を立ち上げ，小学校の6年間を見通したプログラミング学習のカリキュラム・マネジメントを行うこととなりました。高浜市の推進委員会は，小・中学校の教務主任や教育委員会等がメンバーとなり，愛知教育大学の協力の基で運営してい

Ⅴ　プログラミング学習をカリキュラム・マネジメントする視点

ます。

手順2. 目指す子供の姿の設定

　高浜市の場合は，小学校プログラミング学習を通して「目指す子供の姿」や，小学校低・中・高学年の各段階における到達目標を，次ページの通り決定しました。

　プログラミング学習によって育てたい力や子供の姿が明確になることで，プログラミング学習に計画的に取り組むことができるようになります。特に，小学校低学年では，特別な教科等で限定的に行うものではなく，教科等横断的に配置することが重要とされていることに留意します。

手順3. プログラミング学習の先行授業等のモデルプランの集約とカリキュラムづくり

　教育委員会としては，これまでのプログラミング学習の先行授業等のモデルプランを集約することで，教科等を横断的に行うカリキュラムの立案を目指していきます。

　各教科等の中でプログラミング学習を実施する場合，本来の教科等の評価基準により評価することになります。そして，そのねらいを達成するためのプログラミング教材を選定します。

　プログラミング教材を選定する際，プログラミング学習を導入するねらいや学習内容，児童の発達段階にも考慮します。また，それぞれの教材が推奨する対象年齢も参考にします。

　コンピュータを用いずに「プログラミング的思考」を育成する指導を行う場合には，児童の発達段階を考慮しながら，カリキュラム・マネジメントを行うことで児童がコンピュータを活用しながら行う学習と適切に関連させて実施するなどの工夫が望まれます。

　様々なプログラミング教材の中から選定する観点としては，第2章で整理した通り，プログラミング言語の違いがあります。現在，小学校向けには，Scratch 等のビジュアル型プログラミング言語の方が比較的に多く普及しています。本書でも複数紹介しています。

【小学校段階におけるプログラミング学習の目標】

　Computational Thinking の考えをもとにしたプログラミング的思考を，実際のプログラミング体験を行いながら育むこと

プログラミング教育

　「Computational Thinking（計算論的思考）」とは，問題解決のプロセスを分解したもので，科学分野のみならず人文領域も含めてあらゆる問題の解決に使える手法である[39]。

【高浜版プログラミング学習で「目指す子供の姿」】

　コンピュータに慣れ親しみ，プログラミング的思考を用いて，問題の解決に必要な解決策を見つけ，自ら解決できる子

【高浜版プログラミング学習の教育段階別学習到達基準】

(小学校低学年)

関心・意欲・態度	コンピュータシステムの活用やごく簡単なプログラムの作成に対する親しみを感じ，好奇心が芽生えること
知識・技能	自分の思いや願いを込めた動作の実現を学習課題として，アニメーションなどの動的コンテンツのプログラムを作成し，自分の目指す動作を実現すること

(小学校中学年)

関心・意欲・態度	コンピュータシステムの活用や簡単なプログラムの作成に対する親しみを感じ，好奇心が深まること
知識・技能	コンピュータシステムを活用し，目的とする動作を実現するプログラムを作成するために，処理手順を考える必要性に気付き，順次・条件分岐・反復の情報処理の手順を活用すること

(小学校高学年)

関心・意欲・態度	コンピュータシステムの活用や自律型ロボットを使ったプログラムを作成することに対する親しみを感じ，好奇心が深まること
知識・技能	自律型ロボットを使って，仲間と共に繰り返し試行錯誤しながら，実現したい動作ができる制御プログラムの構想し，作成・工夫すること

2020 年度の全面実施に向けて，2018 年度は，愛知教育大学の各研究室が協働し，小学校中学年を想定した Scratch による先行授業を行いました。令和元年度は，それらの指導案を基に，先行授業を全小学校に展開できるように計画しました。①は基礎編，②は活用編となっています。具体的には，Viscuit ①（第 1 章で紹介）では，海の生き物をテーマとし，Viscuit ②では，動物園をテーマにして考えさせます。表中の mBot ①②の実践事例は，第 1 章に記載してあります。

高浜版プログラミング教育実施計画（学校別）2019 年度（◆は先行授業）

	1 年	2 年	3 年	4 年	5 年	6 年
A 小	◆ Viscuit ①			Scratch ①	Scratch ①	
B 小				Scratch ①	◆ mBot ① ◆ Scratch ②	
C 小				Scratch ①	Scratch ①	◆ mBot ①
D 小		◆ Viscuit ①		Scratch ①	Scratch ①	
E 小			◆ Scratch ①	Scratch ①	Scratch ①	

2020 年度（案）高浜版プログラミング教育完全実施の予定

	1 年	2 年	3 年	4 年	5 年	6 年
A 小	Viscuit ①	◆ Viscuit ②	Scratch ①	Scratch ①	mBot ①	mBot ①
B 小	Viscuit ①	Viscuit ①	Scratch ①	Scratch ①	mBot ①	◆ mBot ②※
C 小	Viscuit ①	Viscuit ①	Scratch ①	Scratch ①	mBot ①	mBot ①
D 小	Viscuit ①	Viscuit ①	Scratch ①	Scratch ①	mBot ①	mBot ①
E 小	Viscuit ①	Viscuit ①	Scratch ①	Scratch ②※	mBot ①	mBot ①

※ E 小 4 年は，Scratch ②を行う。B 小 6 年は mBot ②を行う。

2021 年度（案）高浜版プログラミング教育完全実施の予定

	1 年	2 年	3 年	4 年	5 年	6 年
A 小	Viscuit ①	Viscuit ②	Scratch ①	Scratch ②	mBot ①	mBot ②
B 小	Viscuit ①	Viscuit ②	Scratch ①	Scratch ②	mBot ①	mBot ②
C 小	Viscuit ①	Viscuit ②	Scratch ①	Scratch ②	mBot ①	mBot ②
D 小	Viscuit ①	Viscuit ②	Scratch ①	Scratch ②	mBot ①	mBot ②
E 小	Viscuit ①	Viscuit ②	Scratch ①	Scratch ②	mBot ①	mBot ②

　2020 年度は，市内すべての 1〜2 年生が Viscuit ①を行い，3〜4 年生は Scratch ①を行います。そして，5〜6 年生は，mBot ①を行います。2018 年度から段階的にプログラミング学習を導入・実施することにより，2021 年度は，全小学校での年間指導計画が整う予定で進めています。高浜市の事例のように，**教育委員会が主体となって段階的に進めていく取り組みは，プログラミング学習を普及・発展させる成功事例の一つと言えるでしょう。**

まとめ（ここがポイント！）

・学習内容を通して情報活用能力が身に付いていることを実感できるようにする五つの視点を大切しましょう。

　視点 1　身に付けさせたい情報活用能力を設定してから授業を進めること

　視点 2　情報活用能力を身に付けさせる教科（単元）を意図的・計画的に取り上げること

　視点 3　各教科の学習を充実させる指導方法を工夫すること

　視点 4　各教科の実践と省察を繰り返し，実施時期を見直すこと

　視点 5　プログラミング的思考を引き出す働き掛けを取り入れること

・特に，視点 5 を満たすポイントは，4 点あります。

　①　6 種類あるプログラミング的思考を引き出す魔法の言葉を使うこと

　②　膨大な情報から必要な情報を整理する場面を位置付けること

　③　必要な情報を図表等に表し，比較・検討する場面を位置付けること

④　解決の糸口を効率良く見付けるために，情報手段を用いた方が良いことに気付く場面を設定すること

振り返ってみよう（なるほど！）

視点5を満たすポイントとプログラミング的思考との関係を整理すると，次の通りになります。

ポイント　＼　思考	論理的に考えを進める	動きに分ける	記号にする	一連の活動にする	組み合わせる	振り返る
①	◎	◎	◎	◎	◎	◎
②		◎	◎			
③	◎			◎		
④					◎	◎

　それぞれのポイントによって，引き出しやすい思考が異なっていることが分かります。例えば，5年生の学級活動において，お楽しみ会の一つとして，パラパラ漫画用の紙を用いて漫画を制作する場面（ポイント④）を位置付けます。子供は，効率的かつ，効果的な方法を考える思考（組み合わせる思考）を使って，タブレットの「インターバル動画」機能で撮影する良さに気付きます。また，6年生図工科「墨で表す」において，「自分の思いを表すために，もっと工夫して表してみよう」と，魔法の言葉（ポイント①）を指示します。子供は，墨や用具の特徴を生かして，いろいろ試しながら自分の思いに合う表し方を考えます。この時の子供は，「問題解決のために必要な類似性や関係性を取り出し，考える（一連の活動にする）」姿の表れです。

引用・参考文献

1) 本実践は，私の大学院の講義の一つとして，受講生である大江香織氏が中心となって作成した内容を一部改変したものです。

2) 本実践は，平成 28〜29 年度日本教育公務員弘済会本部奨励金（プログラミング教育における教育課程基準の検討と実践—2020 年からの必修化を見据えて—，研究代表者：磯部征尊）及び，松田孝（小金井市立前原小学校）・加藤直樹（東京学芸大学教育実践研究支援センター）・藤原悦（株式会社アーテック）・上野朝大（株式会社 CA Tech Kids）「小学校の理科の授業におけるプログラミングの効果的な活用・学習に関する共同研究」，https://techkidsschool.jp/company/release/2017/06/01/programming-joint-research.html, https://techkidsschool.jp/company/release/2017/10/06/maehara_201710.html に基づき，CA Tech Kids㈱と共同して指導計画を立案・実施した授業です。

3) 本実践は，令和元年度より，飯田将太氏（愛知教育大学初等教育教員養成課程情報選修，梅田恭子研究室）が卒業研究として作成した指導案を一部改変した内容です。

4) 本実践は，筆者の研究成果報告書（新美諒・野々垣真帆・齋藤ひとみ・磯部征尊，第 2 章 小学校低学年におけるプログラミング学習の実践事例，プログラミング教育における教育課程基準の検討と実践—2020 年からの必修化を見据えて—，平成 29 年度日本教育公務員弘済会本部奨励金研究成果報告書，pp.35-40，2018）及び，齋藤ひとみ・野々垣真帆，演劇的手法を用いたアンプラグド・プログラミング教育：ものづくりフェスタでの実践，愛知教育大学研究報告，教育科学編，68，pp.95-101，2019 を一部改変したものです。

5) 大江香織・江島徹郎・伊藤大輔・山崎貞登・磯部征尊，クラブ活動における小学校プログラミング教育の実践と評価，日本産業技術教育学会第 62 回全国大会，静岡大学，p.2，2019

6) 第 2 章で紹介した海外調査内容は，主に，2 種類の科学研究費，一つは，基盤研究（C）「防災・エネルギー・リスク評価リテラシー育成の科学・技術連携カリキュラムの開発」，山崎貞登（研究代表者），平成 25〜27 年度，http://kaken15.tech.juen.ac.jp/，もう一つは，基盤研究（C）「学習プロセスに着目した MINT, STEM, STEAM 教育の国際比較」，磯部征尊（研究代表者），平成 28〜30 年度に基づいて行われた研究結果の一つです。

7) マイクロビットに関する書籍としては，例えば，『かしこくカワイイ micro: bit 入門　ブロックプログラミングと電子工作』（著者：石井モルナ・江崎徳秀，リックテレコム，2018），『BBC マイクロビット公式ユーザーガイド』（著者：ガレス・ハルファクトリー，訳：金井哲夫，日経 BP 社，2018），『micro：bit であそぼう！たのしい電子工作＆プログラミング』（著者：高松基広，技術評論社，2018）などがあります。また，既存の教材にマイクロビットを組み合わせた教材としては，サヌキテックネット（https://sanuki-tech.net/micro-bit/）があります。同サイトには，先に紹介した書籍も紹介されています。さらに，愛知教育大学安本太一研究室では，マイクロビットを活用した理科の実践を紹介しています。詳細は，Google ドライブ内（data09）を参照してください。

8) マインクラフトに興味がある読者は，『親子で楽しく学ぶ！マインクラフトプログラミング』（著者：Tech kids School，編著：株式会社キャデック，翔泳社，2017）を参照することをお勧めします。

9) 『大辞林』第4版，アンプラグド，三省堂，p.112，2019

10) 公益財団法人　中央教育研究所，研究報告　小学校プログラミング教育ガイド，2018

11) 小学校プログラミング教育の手引き（第二版），文部科学省，http://www.mext.go.jp/component/a_menu/education/micro_detail/__icsFiles/afieldfile/2018/11/06/1403162_02_1.pdf，2018

12) 東京書籍，新編　新しい理科6，p.162，2014

13) 本実践は，平成30年度，山本苑佳氏（愛知教育大学初等教育教員養成課程情報選修，梅田恭子研究室）が卒業研究として作成した指導案等を一部改変した内容です。

14) 内閣府ホームページ，「Society 5.0」，https://www8.cao.go.jp/cstp/society5_0/index.html より

15) Carl Benedikt Frey and Michael A. Osborne, THE FUTURE OF EMPLOYMENT: HOW SUSCEPTIBLE ARE JOBS TO COMPUTERISATION?, https://www.oxfordmartin.ox.ac.uk/downloads/academic/The_Future_of_Employment.pdf, 2013

16) 【国際ロボット展2013】産業ロボットがネイリストに！…東洋理機工業，https://www.youtube.com/watch?time_continue=4&v=2sx5CcicKm0

17) プログラミング教育を小中必修に　安倍総理が提言［2016/04/19 20:05］，https://news.tv-asahi.co.jp/news_economy/articles/000073012.html

18) 文部科学省，小学校段階における論理的思考力や創造性，問題解決能力等の育成とプログラミング教育に関する有識者会議，http://www.mext.go.jp/b_menu/shingi/chousa/shotou/122/attach/__icsFiles/afieldfile/2016/05/06/1370404_1.pdf，平成28年4月19日

19) 文部科学省，小学校段階におけるプログラミング教育の在り方について（議論の取りまとめ），小学校段階における論理的思考力や創造性，問題解決能力等の育成とプログラミング教育に関する有識者会議，http://www.mext.go.jp/b_menu/shingi/chousa/shotou/122/attach/1372525.html，平成28年6月16日

20) 文部科学省，小学校学習指導要領（平成29年告示）解説総則編，2017

21) 文部科学省，第4章　情報教育の体系的な推進，「教育の情報化に関する手引」について，http://www.mext.go.jp/component/a_menu/education/detail/__icsFiles/afieldfile/2010/12/13/1259416_9.pdf，2010

22) NTTラーニングシステムズ株式会社，小学校プログラミング教育の円滑な実施に向けた具体的な取組方法について，平成30年度文部科学省委託次世代の教育情報化推進事業「小学校プログラミング教育の趣旨と計画的な準備の必要性について（1）」，https://nttls-edu.jp/mextkenshu2018/programmingseminar/

23) 磯部征尊・大森康正・岡島佑介・川原田康文・上野朝大・山﨑恭平・山﨑貞登（2019）「初等中等教育段階のコンピューティング／プログラミング教育の目標と学習到達水準に関する日米イングランドの比較研究」，上越教育大学研究紀要，第39巻第1号，pp.177-191

24) 大森康正・今出亘彦，初等・中等教育における体系的なプログラミング教育のための評価規準に関する試案，情報処理学会研究報告，pp.1-9，2016

25) 高嶋悠司，小学校段階における体系的なプログラミング教育カリキュラムと支援方法に関する研究，上越教育大学修士論文（未刊行），2018

26) 小島寛義・高井久美子・渡辺博芳，小学校におけるプログラミング教育で育てる資質能力を考慮した指導内容の検討，情報処理学会研究報告，pp.1-12，2018

27) 文部科学省，情報モラル指導モデルカリキュラム，
http://www.mext.go.jp/component/a_menu/education/detail/__icsFiles/afieldfile/2010/09/07/1296869.pdf，2007

28) プログラミングで育成する資質・能力の評価規準（㈱ベネッセコーポレーション）（http://benes.se/keyc）（2019 年 5 月 6 日にアクセス）

29) 文部科学省，情報活用能力の体系表例，（平成 30 年度）次世代の教育情報化推進事業「情報教育の推進等に関する調査研究」成果報告書，http://www.mext.go.jp/a_menu/shotou/zyouhou/detail/1400796.htm

30) 未来の学びコンソーシアム，小学校を中心としたプログラミング教育ポータル，https://miraino-manabi.jp/

31) NTT ラーニングシステムズ株式会社，小学校プログラミング教育の円滑な実施に向けた具体的な取組方法について，平成 30 年度文部科学省委託次世代の教育情報化推進事業「小学校プログラミング教育の円滑な実施に向けた教育委員会・学校等における取組促進事業」，https://nttls-edu.jp/mextkenshu2018/programmingseminar/

32) フィジカルプログラミング学習で利用するソフトウェアをインストールする場合には，以下の 3 点を確認しましょう[30]。

> ・動作させる環境（摩擦，湿度，温度等）の影響をうけることがあるため，実際に授業で動かす環境で事前に検証を実施すること（あらかじめ教材の中から授業に必要なものを確認し，不要なものを除いておく等の配慮も必要）
> ・コンピュータへ USB 接続する教材の場合，USB 接続の可否を事前に確認すること
> ・Bluetooth を使用する場合，事前に利用の可否や動作確認をすること（子供が使用するコンピュータと，どの教材がペアリングしているのかを分かりやすくするため，シール等で区別できるようにする等の配慮も必要）

33) 川北喜子，学力テスト結果の分析から学校の課題を解決する―標準学力検査 CRT を活用し地域全体で学力向上をめざす―，指導と評価，第 65 巻 7 月号，p.48，2019

34) 表中の各教科の単元名については，国語・社会・家庭は東京書籍，算数は新興出版社啓林館，理科・生活・保健は大日本図書，音楽は教育芸術社，図工・道徳は日本文教出版，の教科書，つくば市総合教育研究所「つくば市プログラミング学習の手引き【第 3 版】（https://www.tsukuba.ed.jp/~programming）」を各々参照し，一部改変しました。

35) 宮城県教育センター，プログラミング教育スタートパック，

http://www.edu-c.pref.miyagi.jp/midori/jouhou/pesp/itiranhyou/file/itirann.pdf

36）本稿は，筆者の寄稿（磯部征尊，プログラミング教育の実施に向けて，教室の窓　中部版，
pp.2-5，東京書籍，2019）の一部を抜粋してあります。

37）磯部征尊，動く様子をもとに見立てさせることで，つくりたい思いをはっきりさせる子ども，
創造的思考力を高める授業—1年次研究—実践編』研究紀要第68集（平成22年度）（所収），
pp.128-139，新潟大学教育学部附属新潟小学校，2011

38）江川玟成，子供の創造的思考力を育てる　16の発問パターン，金子書房，2005

39）東京書籍，新編　新しい算数5下，p.130，2015

40）小学校の教科等におけるプログラミング教育の実践報告〜第三学年と第五学年における実践
〜，大森康正（上越教育大学），飯田弘基（長岡市立四郎丸小学校），彦坂知道（長岡市立栖
吉小学校），山碕孝幸（新潟県立教育センター），山崎勇（新潟県立教育センター），見原恵
（新潟県立教育センター），日本産業技術教育学会第33回情報分科会（岡山），pp.59-62，
2018

あとがき

　英国や米国などの先進国を中心に，幼稚園や小学校段階など，早期の段階からプログラミング教育を導入する国が増えつつあります。特に，英国においては，2014年からプログラミング教育を導入し，5〜16歳まで一貫したプログラミング教育を実施しています。詳細な資料は，Googleドライブ（data10）を御覧ください。

　このような諸外国の影響もあり，我が国の情報教育が大きく変わろうとしています。2022年（令和4年）度より，高校の教科「情報」は「情報Ⅰ」「情報Ⅱ」に再編されます。「情報Ⅰ」は必須化されます。高校生全員がプログラミングを学ぶことになります。早ければ，2024年（令和6年）度の大学入試共通テストでは，情報科目が導入される見込みです。それに伴い，小学校では，2020年度からプログラミング教育が必須化されます。

　本書では，プログラミング教育への理解を深めていただくために，プログラミング教育が着目されるようになった社会背景をはじめ，学習指導要領を引用しながらプログラミング教育のねらいや内容を解説しました。そして，様々な場面で実施可能なプログラミング教育に関する学習活動を整理しました。最後に，プログラミング教育の指導の進め方を考えました。

　今回，本書の出版に向けて，学芸みらい社の樋口雅子様を快くご紹介・ご推薦いただきました田中博之先生（早稲田大学教職大学院）との出会いが，全ての始まりです。本当に感謝申し上げます。そして，私の不十分な原稿を読みやすく，分かりやすい原稿に直してくださった樋口雅子様には，感謝の気持ちでいっぱいです。大変ありがとうございました。

　本書を執筆するにあたり，私の修士・博士時代の恩師である山﨑貞登教授（上越教育大学大学院）からは，英国・米国の比較教育研究の基礎・基本を20年もの間ご教授いただいております。特に，海外調査は，山﨑教授（研究代表者）の科学研究費，基盤研究（C）「防災・エネルギー・リスク評価リテラシー育成の科学・技術連携カリキュラムの開発（平成25〜27年度），http://kaken15.tech.juen.ac.jp/」において，研究分担者として参画する機会をいただいたことが始まりです。このように，山﨑教授のおかげで，現在の研究と実践を進めることができております。また，大森康正教授（上越教育大学大学院），本学の松永豊准教授・齋藤ひとみ准教授・梅田恭子准教授，上野朝大様・鈴木拓様（株式会社CA Tech Kids），大江香織様（愛知教育大学大学院生）など，関係の皆様の多大なるご理解とご協力，ご支援のおかげで，プログラミング教育の理論と実践を国内に広く提供する機会をいただきました。皆様には，心より感謝いたします。

　最後になりますが，これまで支えてくれた我が家族と，磯部研究室のスタッフの皆さんにも感謝の意を表します。本当にありがとうございました。今後も，日本の子供たちのプログラミング教育のために，全力で邁進していきます。

愛知教育大学

准教授　磯部　征尊

〈著者紹介〉

磯部征尊（いそべ　まさたか）

愛知教育大学創造科学系　准教授

新潟県新潟市出身。新潟大学教育学部卒業，上越教育大学大学院学校教育研究科修士課程修了，兵庫教育大学大学院連合学校教育学研究科博士課程修了。博士（学校教育学）。新潟県内の公立小学校教諭，新潟大学教育学部附属新潟小学校教諭を経て，現職。日本科学教育学会編集委員。

主な単著は，『技術科評価基準の開発とカリキュラムのデザイン』（三恵社）。主な共著は，『マンガで学ぼう！アクティブ・ラーニングの学級づくり　クラスが変わる学級力向上プロジェクト』（金子書房），『ものづくりからのメッセージ　―技術科教育の基本―』（竹谷出版）ほか。

必須化！小学校のプログラミング学習
―成功する全体計画&授業づくり

GAKUGEI
MIRAISHA

2020年1月20日　初版第1刷発行

著　者　磯部征尊
発行者　小島直人
発行所　株式会社 学芸みらい社
　　　　〒162-0833 東京都新宿区箪笥町31 箪笥町SKビル
　　　　電話番号 03-5227-1266
　　　　http://www.gakugeimirai.jp/
　　　　e-mail : info@gakugeimirai.jp
印刷所・製本所　藤原印刷株式会社
企　画　樋口雅子
校　正　境田稔信
イラスト　武田弦（川崎総合科学高校教諭）
装丁デザイン　小沼孝至